Hommage à Luc Pirick

Luc Pirick

JOURNAL D'UN ÉCUYER
Tome 1- année 2012

Responsable de la publication : Louis de Montalte

© 2021

Éditeur : BoD-Books on Demand
12-14 rond-point des Champs-Élysées, 75008 Paris
Impression : Books on Demand, Norderstedt, Allemagne

ISBN : 978-2-3222-0077-1

Dépôt légal : mai 2021

In mémoriam

" *Il restera de toi ce que tu as donné.*
Au lieu de le garder dans des coffres rouillés.
Il restera de toi de ton jardin secret,
Une fleur oubliée qui ne s'est pas fanée.
Ce que tu as donné, en d'autres fleurira.
Celui qui perd sa vie, un jour la trouvera.
Il restera de toi ce que tu as offert
Entre les bras ouverts un matin au soleil.
Il restera de toi ce que tu as perdu
Que tu as attendu plus loin que les réveils,
Ce que tu as souffert, en d'autres revivra.
Celui qui perd sa vie, un jour la trouvera.
Il restera de toi une larme tombée,
Un sourire germé sur les yeux de ton coeur.
Il restera de toi ce que tu as semé
Que tu as partagé aux mendiants du bonheur.
Ce que tu as semé, en d'autres germera.
Celui qui perd sa vie, un jour la trouvera."

Simone Weil

27/02/2012

Pour ceux qui enseignent, une citation à méditer : « L'équilibre doit s'obtenir sans altérer le mouvement en avant, le mouvement en avant tout en s'opérant ne doit porter aucune atteinte à l'équilibre» (François Baucher).Tout est là, dans le développement harmonieux des fondamentaux !Le cheval droit qui ne se pousse pas plus qu'il ne se porte, ni inversement.

04/03/2012

FURIOSO est le plus grand chef de race en saut d'obstacles. 30 ans après sa mort 20% des étalons européens actuels sont dans sa lignée.Et pourtant!Mauvais cheval de course (21 courses et 0 victoire!)et médiocre étalon de pur sang, il est "rétrogradé" comme étalon de croisement pour dire d'en faire quelque chose.Un modèle assez léger, des allures moyennes, un caractère facile, et surtout il n'a de sa vie jamais sauté un crayon!Autant dire que selon les critères actuels le meilleur étalon de tous les temps n'aurait aucune chance d'être approuvé!

Cela donne à réfléchir ! Non ?

Par rapport aux photos anciennes, Mélanie Gelin a raison ; nous sommes choqués par la position à l'obstacle des cavaliers du début du 20°siècle. Ils la justifiaient par le souci de protéger les antérieurs en reportant le poids vers l'arrière à la fin du planer et en relevant l'encolure à la réception. Cela donne une réception très contrainte qui nous parait, à juste titre, contre nature.

La position en équilibre a été imaginée par CAPRILLI au début du siècle, mais il faudra attendre la fin des années 20' pour qu'elle soit enseignée officiellement par le Colonel DANLOUX.

119. SAUMUR (M.-et-L.) — Saut d'un broock au Breil

9 mars 2012 ·

Pour finir le tour du sujet, le Colonel Danloux a été l'écuyer en chef du cadre noir de 1929 à 1933. Il a imposé la monte en équilibre inspirée de Caprilli mais en apportant une innovation majeure. Il voulait le genou liant sans contraction alors que Caprilli le voulait fixé.Cette liberté du genou permettait la descente de jambe, l'avance de l'assiette et le jeu des articulations basses ; elle ouvrait la voie à l'équitation moderne.Caprilli n'avait pas franchi ce pas parce qu'il restait imprégné d'une équitation militaire qui faisait de la solidité en selle, par l'accroche du genou, un objectif prioritaire.

17 mars 2012 ·

Dans les gravures anglaises, la vitesse au galop était figurée par un cheval en suspension avec les quatre membres étendus. On appelle ce graphisme le "galop volant". On le retrouve dans toutes les civilisations, dans les estampes chinoises par exemple, et même dans des gravures rupestres préhistoriques. Et pourtant, il n'existe pas ! Le cheval s'étend entre le début du 2me temps du galop et la fin du 3me, et se regroupe au contraire au temps de suspension. En fait, les anciens avaient parfaitement identifié le mécanisme du pas et du trop, ainsi que la phase d'engagement du galop au 1er et au début du 2me temps, mais la suite du mécanisme du galop ne sera visualisée qu'avec l'apparition de la photographie.

18 mars 2012

Le premier manuel d'équitation connu est l'Hipparque (le commandant de cavalerie) écrit par Xénophon 400 ans av.JC.On y trouve, avec les mots de l'époque, des notions tout à fait modernes comme la position centrée, le placer de la nuque, la légèreté et la descente de main, les assouplissements, et même la pédagogie de la réussite (association effort/récompense).

18 mars 2012

Comme le disait déjà Xénophon , si les cuisses remontent l'assiette recule , le cavalier déséquilibré durcit sa main et le cheval se défend !2500 ans qu'on dit la même chose ; cela devrait finir par entrer !

Position centrée et mains légères ; il n'y a pas de secret !

20 mars 2012

Les cavaliers numides étaient réputés dans l'antiquité. Alliés des carthaginois, ils furent incorporés dans les légions romaines, à titre d'auxiliaires, après la destruction de Carthage en 146 avant JC.

Ils montaient à cru et sans bride; une simple corde nouée autour de l'encolure leur servait de frein et de moyen de tenue. Ils conduisaient le cheval avec les jambes et avec un petit bâton.Leur tactique ressemblait à celle des indiens d'Amérique; ils encerclaient leurs ennemis au galop, lançaient leurs javelots et disparaissaient en laissant peu de possibilité de riposte.

La Numidie était un territoire berbère situé au sud de l'actuelle Algérie.

23 mars 2012 ·

La Haute Ecole apparaît au XVI° siècle, à la Renaissance, avec les maîtres italiens Grisone, Fiashi et, surtout, Pignatelli.

C'est Frederico Grisone qui assure la réputation de l'Ecole de Naples dans l'Europe entière. Il pratique les airs relevés et les assouplissements sur la volte courte et préconise le ramener.Son traité « Ordini di Cavalcare … » est publié en 1550. Une bonne partie est un plagiat de Xénophon mais, alors que l'hipparque grec recommandait la douceur, Grisone lui est d'une brutalité insupportable pour nous.

24 mars 2012 ·

Cesare Fiaschi crée sa propre académie à Naples en 1534. Il recherche les aides discrètes et le cheval en équilibre. Il associe musique et équitation parlant ainsi pour la première fois des notions de cadence et de rythme.Il publie un livre en 1556 ; « La manière de bien emboucher, manier et ferrer les chevaux »On pense qu'il a été le premier à pratiquer le passage et la cabriole.Il a été le professeur de Pignatelli.

Il est difficile de tracer un portrait de Salomon de la Broue dans une chronique de quelques lignes, car le personnage est complexe. Il fût le premier auteur français, car avant lui les ouvrages équestres n'étaient que des traductions, mais en faire le fondateur de l'école française me semble excessif ; quoique La Guérinière le cite comme tel avec le Duc de Newcastle, alors qu'il renvoie Pluvinel aux amateurs de belles gravures !

La Broue fait l'éloge de son maître Pignatelli dans sa manière douce de traiter les jeunes chevaux et dans l'usage qu'il fait du mors à simple canon, mais il recommande de traiter sévèrement les chevaux dressés et retombe dans le travers d'imaginer une multitude d'embouchures censées correspondre à toutes les fautes du cheval. Son traité est plus un recueil de procédés, et même de trucs, que l'exposé d'une méthode construite.

27 mars 2012

Antoine de Pluvinel (1552-1620) fonde à Paris la première académie française. Il introduit en France les principes des maîtres italiens mais en adoucit les procédés dans une méthode qui s'intéresse davantage à la compréhension du cheval.En ce sens il est le vrai précurseur de l'équitation de tradition française.Henri IV lui confie la charge d'enseigner l'équitation au dauphin, futur Louis XIII.« Le manège royal », connu pour ses illustrations, fût publié en 1620 à titre posthume, puis remanié et renommé en 1625 sous le titre « L'instruction du Roi en l'exercice de monter à cheval » et la forme d'une discussion entre le Roi, le Grand Ecuyer et lui.

La discrétion des aides, les méthodes douces, l'emploi d'embouchures simples, les assouplissements sont autant de ses valeurs qui sont encore actuellesPluvinel assouplit le cheval autour du pilier unique, par déplacement des hanches en dedans et en dehors, puis le met sur les hanches dans le double pilier et enfin au travail libre. Sa citation la plus connue est : « La gentillesse est aux chevaux comme la fleur sur le fruit, laquelle ôtée ne retourne jamais ».

28 mars 2012

William Cavendish, Duc de Newcastle, (1592 – 1676) élève de Pluvinel, est un gentilhomme anglais, exilé en France après la destitution de Charles 1er et jusqu'à la restauration de Charles II.

Il publie en 1658 son ouvrage « Méthode nouvelle pour dresser les chevaux »On y trouve des notions très intéressantes : pédagogie par les sanctions positives ou négatives, progressivité du travail gymnastique, connaissance du mécanisme des allures.Il attache beaucoup d'importance à l'assouplissement des épaules, par des flexions outrées et par le travail de 2 pistes sur le cercle.Même si La Guérinière est l'inventeur du terme « Epaule en dedans », Newcastle a incontestablement travaillé des exercices similaires.

Le lien ci-dessous vous permet d'accéder à son livre ; la langue du 17°siècle est déjà plus facile à comprendre que celle du 16°.

L'École de Versailles a été créée en 1680 par Louis XIV pour assurer le dressage et la gestion des chevaux de la Grande Écurie du roi, ainsi que la formation des pages destinés à devenir les officiers de sa maison. Elle était dirigée par l'Écuyer ordinaire (comprendre l'Ecuyer à plein temps ; nous dirions aujourd'hui l'Écuyer en chef).

L'École de Versailles a été le conservatoire de l'art équestre français jusqu'à la révolution. Elle devint École Nationale ensuite avec une vocation purement militaire, puis à nouveau École Royale après la restauration mais en conservant cette orientation militaire.

Les écuyers successifs ont peu écrit, à l'exception de Montfaucon de Rogles dont le « Traité d'Équitation » a été publié en 1778 à titre posthume.

Le Vicomte d'Abzac a été le dernier Écuyer avant la révolution et a repris la direction de l'école après la restauration. L'Ecole de Versailles fût fermée définitivement en 1830.

30 mars 2012 ·

S'il ne fallait retenir qu'un seul nom dans l'histoire de l'équitation, ce serait évidemment celui de François Robichon de La Guérinière (1688-1751).Il est l'aboutissement de l'évolution des mentalités et des techniques depuis les maîtres italiens du 16° siècle, et l'inspirateur de l'équitation de tradition française jusqu'à nos jours.

L'importance du personnage justifie qu'on lui consacre plusieurs chroniques ; sur sa formation et sa carrière, son œuvre, et son influence dans l'Europe entière.

La Guérinière fait son apprentissage à l'académie de son frère à Caen. Il reconnait l'influence Monsieur du Plessis, et son frère Monsieur de la Vallée, qui furent les premiers à diriger l'Ecole de Versailles, et a été l'élève d'Antoine de Vendeuil, lorsque ce dernier dirigeait l'académie de la rue des Cannettes, avant de devenir lui aussi Ecuyer Ordinaire à Versailles.(On appelait académie à l'époque ce que nous appelons aujourd'hui école d'équitation). Il cite comme auteurs de référence Salomon de la Broue et le Duc de Newcastle mais fait peu de cas de Pluvinel.

Il est breveté Ecuyer du Roi en 1715 et fonde une académie à Paris où il fait sa réputation. Il est désigné comme Ecuyer ordinaire du Manège royal des Tuilleries en 1730 ; il occupera ce poste jusqu'à sa mort, et donc il n'appartiendra en fait jamais à l'Ecole de Versailles dont il fût pourtant la référence.

31 mars 2012

La Guérinière publie son ouvrage « École de Cavalerie » en 1736.Comme toujours à cette époque, le livre traite de l'ensemble des connaissances de l'homme de cheval. Il est divisé en trois parties : la connaissance du cheval, la manière de le dresser, et la manière de le soigner.

La première partie traite de la morphologie, des différentes races européennes, des selles et des harnachements, de la ferrure, de l'alimentation et de l'hygiène.Elle pourrait être retranscrite en français moderne sans qu'il soit nécessaire d'ajouter beaucoup de choses pour faire le tour des connaissances actuelles.Ce qui est nouveau pour l'époque, c'est une conception proactive de la morphologie ; les modèles déterminent le type de travail auquel le cheval pourra prétendre, et les défectuosités expliquent d'une part les fautes d'exécution, et d'autre part les prédispositions pathologiques.C'est très moderne !

La troisième partie parle des soins vétérinaires. Elle a été écrite en collaboration avec des scientifiques de l'époque. Cette partie a évidemment vieilli mais elle reste intéressante à titre de documentation historique.

1 avril 2012 ·

C'est évidemment la deuxième partie de l'ouvrage de La Guérinière, consacrée au dressage du cheval, qui nous intéresse le plus et d'abord l'épaule en dedans dont il dit : « Cette leçon produit tant de bons effets à la fois, que je la regarde comme la première et la dernière qu'on peut donner au cheval.»

L'exercice est un perfectionnement de l'assouplissement des épaules sur le cercle pratiqué par Newcastle dont il reconnaissait lui-même qu'il mettait le cheval sur l'épaule (en fait parce qu'il faisait chasser les hanches). C'est pour pallier à cela que La Guérinière invente l'épaule en dedans.

Le procédé d'exécution qu'il décrit est le suivant ; « .. tourner la tête et les épaules (du cheval) un peu en dedans vers le centre du manège, comme si effectivement on voulait le tourner tout-à-fait, et, lorsqu'il est dans cette posture oblique et circulaire, il faut le faire marcher en avant le long du mur, en l'aidant de la rêne et de la jambe de dedans : ce qu'il ne peut absolument faire dans cette attitude sans croiser ni chevaler la jambe de devant par-dessus celle de dehors, et de même la jambe de derrière de dedans par-dessus celle de derrière de dehors.. ».

En s'en tenant exclusivement au texte, on pourrait dire que La Guérinière a, en fait, inventé …le pas de côté ! Ce serait vrai s'il n'y avait pas l'incurvation. Il en parle (cette posture…circulaire) mais surtout les gravures qui accompagnent le texte montrent bien une incurvation, plus importante même que celle recommandée aujourd'hui en dressage.Nous savons, par les études réalisées après la photographie, que dans cette incurvation le postérieur intérieur s'engage sous la masse et se pose devant l'autre, mais sur des lignes parallèles.Il n'y a donc pas croisement des postérieurs comme dans l'appuyer ou le pas de côté, et donc, même si le terme « chevalement » des postérieurs n'est pas heureux, c'est bien l'exercice que nous pratiquons toujours que La Guérinière a inventé il y a presque 300 ans !

Shoulder-in

2 avril 2012

L'importance de l'épaule en dedans est telle qu'elle occulte un peu un autre apport essentiel de La Guérinière ; la cession et la descente de main.

Il décrit le geste de rendre la main ou de faire une descente de main, mais surtout, ce qui est essentiel, il en précise le moment :« Il faut se donner de garde de rendre la main, ni de faire la descente de main, lorsque le cheval est sur les épaules : le vrai temps de faire ce mouvement à propos, c'est après avoir marqué un demi-arrêt, et lorsqu'on sent que le cheval plie les hanches, de lui rendre subtilement la bride…parce que le cheval pliant les hanches dans le temps qu'on abandonne l'appui, il faut nécessairement qu'il demeure léger à la main, n'ayant pas de quoi appuyer la tête. »

La cession et la descente de main confirment l'équilibre dans le rassembler puisque le cheval se porte complètement de lui-même ; c'est à la fois la voie d'accès et la marque de l'équitation dans la légèreté.

L'influence de La Guérinière a été considérable en Europe : En Allemagne, par le biais d'Hünersdorf et de Steinbrecht, en Autriche où il est encore le socle de la doctrine de l'Ecole de Vienne, ou au Portugal, avec Marialva et Andrade.

En France, elle sera plus tardive du fait de la parenthèse de la révolution et de l'empire : d'une part, parce que l'Art équestre était considéré comme un divertissement de l'ancienne noblesse par les révolutionnaires, et, d'autre part, parce qu'au rétablissement d'une Ecole nationale les objectifs équestres immédiats sont devenus purement militaires.Si on ajoute à cela une certaine anglomanie dans la seconde moitié du 19° siècle, il faudra attendre le 20° siècle pour que La Guérinière retrouve en France la place qu'il mérite, en grande partie grâce à l'influence de Nuno Oliveira.

Plus généralement, certaines évolutions dans l'histoire de l'équitation au 19° siècle ne sont pas compréhensibles si on oublie que la France révolutionnaire, puis impériale, a été mise au ban des nations européennes.

Lorsque François Baucher essayera d'exporter sa méthode en Allemagne, il se heurtera à l'opposition de Steinbrecht et elle sera rejetée par les écuyers allemands avec un méprisant « C'est une équitation de Sans Culottes ! ».

Louis Cazeaux de Nestier (1684-1754) Ecuyer ordinaire de la Grande Ecurie de Versailles, il a été le professeur de Louis XV. Il est souvent cité, dans les ouvrages traitant de l'histoire de l'équitation, pour sa position à cheval, qui était semble-t-il irréprochable, mais il n'a rien écrit et comme pédagogue il avait de son vivant la réputation d'être « un grand silencieux » !Sa notoriété doit sans doute beaucoup au tableau peint par Delarue en 1751 et qui est assez connu.

Montfaucon de Rogles (1717-1760) a été formé à l'Ecole de Versailles par Monsieur de Lubersac, il fait une carrière militaire et prend en 1745 la direction du manège du régiment des Chevaux Légers. Il devient Ecuyer de l'Ecurie du Roi, à Versailles, en 1750, il meurt jeune à 43 ans.Il a vécu en même temps que La Guerinière, dont il était de 29 ans le cadet, mais manifestement sans partager son expérience.

Son traité d'équitation, publié après sa mort, est le seul ouvrage écrit par un Ecuyer de l'Ecole de Versailles. Il est intéressant parce qu'il montre les méthodes utilisées à Versailles avant que l'influence de La Guérinière ne s'y fasse vraiment sentir lorsque le Vicomte d'Abzac en reprendra la direction.On y trouve une équitation basée sur la position du cavalier et sur l'exécution méticuleuse des exercices annonçant l'école des aides qui sera le socle de la doctrine de Saumur jusqu'à la fin du 20°siècle.

Le marquis de Marialva est une figure mythique de l'équitation portugaise.
Lorsque le Roi Jean V du Portugal fonde en 1748 le haras de Portel et le Manège Royal (Picaria Real) il lui en confie la direction. Marialva y appliquera les principes de La Guérinière. En 1757 le haras royal se déplace de Portel à Alter où se développera la célèbre race des « Alter Real ».

L'équitation portugaise est intimement liée à la tauromachie ; dans la corrida portugaise le taureau n'est pas affaibli par les picadors ni d'ailleurs mis à mort. Le spectacle, dont Marialva a codifié les règles, consiste à esquiver les charges par l'utilisation des ressources de la haute école.

Imaginez un taureau dans votre manège et repensez à vos notions de légèreté, de vélocité et d'impulsion !

Manuel Carlos de Andrade (1755-1817) est un élève de Marialva. Cet écuyer portugais publiera en 1790 « Luz da Liberal e Nobre Arte da Cavalaria » dans lequel il reprend les principes de son maître, largement inspirés de La Guérinière.

L'équitation de tradition française ne nous serait pas parvenue si elle n'avait pas été préservée hors des frontières de la France révolutionnaire, à l'Ecole espagnole de Vienne bien sûr, mais aussi au Portugal.

Ludwig Hünersdorf (1748-1813) a écrit en 1791 un traité qui a été traduit en français en 1843 sous le titre de « Equitation allemande ». Il y reprend les thèmes de la Guérinière mais avec le souci de définir une méthode accessible aux cavaliers moyens de son époque. Son livre a été réédité et est toujours disponible.

Il occupe une place importante dans le schéma historique de l'équitation européenne puisqu'il a été la courroie de transmission entre La Guérinière et l'Europe du nord.

Pierre-Marie Vicomte d'Abzac (1739-1827) a été le dernier des grands Ecuyers de l'Ecole de Versailles. Il y entre comme page à 16 ans et en prend la direction en 1773 jusqu'en 1781.Exilé pendant la révolution, il est rétabli dans ses fonctions par Louis XVIII en 1814 alors qu'il est âgé de 75 ans.Considéré comme le meilleur cavalier de France à son époque, il avait fait et gagné le pari de mettre une heure à traverser la cour d'honneur de Versailles au galop terre à terre avec un cheval embouché avec un fil de soie !

10 avril 2012 ·

Le 19°siècle a été marqué en France par la rivalité entre d'Aure et Baucher qui s'est prolongée jusqu'au milieu du 20°siècle.Avant de parler de leurs biographies et de leurs méthodes il faut situer le contexte car on ne peut pas analyser correctement cette rivalité entre les deux écuyers, et l'affrontement de leurs écoles respectives, si on ignore la situation socio-politique de l'époque.

La société française est profondément divisée à la restauration de la monarchie entre les conservateurs et les réactionnaires. Cette division se marque dans tous les domaines. Les premiers sont souvent nostalgiques de l'ancien régime, partisans de la littérature classique … et de l'équitation d'auriste, tandis que les seconds sont souvent républicains, romantiques … et bauchéristes.La querelle va donner lieu à toutes les outrances ! Baucher dit avoir hésité à écrire sa méthode parce qu'il n'arrivait pas à croire que tous les autres s'étaient trompé avant lui et d'Aure parle de cette méthode comme d'une montagne qui a accouché d'une souris !C'est dire l'ambiance de confraternité !

Pour juger de l'intérêt de leurs méthodes respectives nous devons faire abstraction des petites phrases assassines et des excès dans l'expression et la rédaction des principes ; ce n'est pas toujours facile

12 avril 2012 ·

L'affaire « Géricault » illustre bien le climat de la querelle entre d'Aure et Baucher.Géricault était un pur sang réputé indomptable appartenant à Lord Seymour qui avait promis de le donner à celui qui traverserait avec lui le bois de Boulogne. Un élève du Vicomte d'Aure tenta l'aventure et fît 200m avant de se faire jeter. Un élève de Baucher réussit … mais en trichant ; il se fît entourer par une dizaine d'amis qui avec leurs chevaux pressèrent Guéricault comme un citron pour l'empêcher de bouger !

Pour faire taire la polémique, Baucher dressa Géricault en secret et le présenta un mois plus tard en public dans une démonstration de haute école.

Il faut savoir que la première représentation du drame « Hernani » de Victor Hugo avait donné lieu à une bagarre générale entre les amateurs de théâtre classique et les romantiques. A cette occasion, Théophile Gauthier était venu par provocation au théâtre avec un gilet rouge qui fît scandale ; c'est comme si aujourd'hui il avait assisté à un mariage en tenue de plage !

Pour assister à la présentation de Géricault, Théophile Gauthier remis son célèbre gilet rouge ce qui montre que pour la société de l'époque la querelle entre d'Aure et Baucher en équitation, avait au moins la même importance que celle entre les classiques et les romantiques en littérature.

Le Vicomte d'Aure (1799-1863) a été l'élève de Pierre-Marie d'Abzac à l'Ecole de Versailles. Il lui succéda brièvement comme directeur jusqu'à la fermeture de l'Ecole en 1830. Il créa ensuite plusieurs manèges à Paris avec des succès d'estime mais des échecs financiers.

Il écrivit son « Traité d'équitation » en 1834, et ses « Réflexions sur une nouvelle méthode d'équitation », un pamphlet contre Baucher, en 1842.

Il est nommé Ecuyer en chef à l'Ecole de Saumur en 1847 et occupera ce poste jusqu'en 1855. Il publie en 1853 son « Cours d'équitation ». Il prend ensuite la direction des Ecuries de Napoléon III et terminera sa carrière comme Inspecteur général des Haras.

Le paradoxe est que d'Aure, quoiqu'ayant été le dernier Ecuyer de l'Ecole de Versailles, est avant tout un cavalier d'extérieur, adepte d'une équitation en avant et efficace sans subtilité inutile, influencée par la monte anglaise de l'époque. Son « Cours d'équitation » n'est, au mieux, qu'un manuel de didactique à l'usage des instructeurs militaires, et c'est parce que cette simplicité correspondait aux objectifs militaires assignés, à l'époque, à l'Ecole de Saumur qu'il fît cette carrière brillante.

On disait de lui qu'il était plus remarquable par l'exemple qu'il donnait que par la clarté de ses explications et de sa doctrine ! C'est assez réducteur ! Il n'existe, à mon sens, dans l'histoire de l'équitation que comme le contre-pied de François Baucher.

Que dire de la méthode d'Aure ? Je ne l'aime pas trop et j'aurai envie de lui appliquer la phrase « Il avait des idées justes et des idées nouvelles, malheureusement ses idées justes n'étaient pas nouvelles et ses idées nouvelles n'étaient pas justes ! ».Sa méthode simple, et même simpliste, correspondait tout à fait à l'objectif d'une école militaire de cavalerie ; dresser les jeunes chevaux de remonte, et mettre à cheval les jeunes recrues, en un minimum de temps et avec une efficacité suffisante pour l'usage qu'on voulait en faire.

En positif, il est le premier à dire que la recherche de la position doit tenir compte des différences morphologiques entre les cavaliers.En demi-teinte, il précise l'accord des aides dans les exercices et annonce donc une école des aides qui était, et qui reste encore efficace, mais dont la place centrale qu'elle occupera dans la doctrine équestre française réduira parfois celle-ci à un recueil de recettes de cuisine.

Son livre principal, le « Cours d'équitation » (1853) est numérisé et disponible sur books.google.be .

François Baucher (1796-1873) est certainement la figure la plus marquante du 19°siècle et, à mon sens, un des trois écuyers les plus importants de l'histoire de l'équitation, avec La Guérinière au 18°siècle et Nuno Oliveira qui fera au 20°siècle la synthèse entre les deux premiers.

D'origine modeste, il passe sa jeunesse à Milan chez un oncle qui dirige les écuries du Prince Borghèse. Il y suit les cours de Frederico Mazzuchelli et y trouvera les bases de sa première méthode. En 1820, il dirige deux manèges au Havre et à Rouen, et en 1834 il revient à Paris.

C'est à cette époque que débute une querelle avec d'Aure qui durera une quinzaine d'années.

La raison de cette querelle est que l'un comme l'autre voulait faire adopter leur méthode par l'armée pour l'instruction des troupes à cheval, et se faire désigner pour diriger l'école militaire de Saumur. A ce jeu, d'Aure finira par l'emporter avec une certaine logique pour les raisons que nous avons déjà vues.

En 1855, Baucher est victime d'un accident. Il est écrasé par un lustre qui se décroche du plafond de son manège. Cet accident est déterminant car, privé d'une partie de sa puissance musculaire, il évoluera vers une équitation plus subtile.

L'œuvre de François Baucher doit se diviser en deux parties.

La « première manière », date de l'époque de sa querelle avec d'Aure. Elle doit être étudiée avec beaucoup de circonspection car elle a donné lieu à des dérives brutales. Elle est exposée, et progressivement amendée d'ailleurs, dans ses premiers ouvrages publiés entre 1837 et 1864.

Dans le contexte de la querelle, l'écriture des premiers livres est quasi pamphlétaire, et en tous cas outrancière. Cette méthode initiale a été vivement combattue en France même, par les d'Auristes, mais aussi à l'étranger, par Louis Seeger et Gustav Steinbrecht entre autres.

C'est la « deuxième manière » qu'il faut retenir. I l'exposera dans la dernière partie de sa vie. C'est elle fonde véritablement l'influence de Baucher sur notre équitation et qui fait de lui un des écuyers essentiels de l'histoire de l'équitation.

La « première manière » de Baucher se donne un objectif précis ; annihiler les forces instinctives du cheval pour leur substituer les forces transmises par le cavalier.Cet objectif n'est pas faux en soi ; le mythe du centaure, dans lequel la partie équine exécuterait ce que penserait la partie humaine, est après tout le but ultime de toutes les formes d'équitation.Mais l'expression utilisée donne une impression de domination, de lutte et de contrainte.

Cette outrance était certainement compensée par l'expression orale. Baucher était sans aucun doute un extraordinaire pédagogue, car personne n'a formé autant de grands écuyers que lui (L'Hotte, Faverot de Kerbrech, Raabe …) et ses explications sur le terrain devaient certainement atténuer l'excès de ses écrits.

C'est l'application de sa première méthode au second degré, par les élèves de ses élèves, ou pire par des cavaliers qui ne se basaient que sur ses premiers livres qui a été souvent consternante !

Les procédés de la première manière comportent, entre autres, les flexions et l'effet d'ensemble.

L'effet d'ensemble repose en fait sur une donnée gymnastique bien connue ; l'impossibilité pour le cheval, comme pour nous, de soutenir longtemps une contraction isométrique. Donc, si le cavalier a une main assez fixe pour opposer une résistance égale à celle du cheval, et des aides propulsives suffisantes pour l'empêcher de s'échapper par ailleurs, le cheval doit obligatoirement céder.

L'inconvénient, même si les aides sont justes, est que le cheval est contraint, au risque d'amoindrir sa sensibilité ou d'écorner son moral : c'est le sens de la formule « L'effet d'ensemble tue ! ».

A fortiori lorsque ce procédé est appliqué par des cavaliers médiocres dont la main n'est pas fixe et qui manquent de jambes, il se résume tristement à « tirer dessus et taper dedans » comme le montre cette caricature de l'époque, publiée par ses détracteurs avec la légende « Baucher l'inventeur de l'équitation barbare » !

20 avril 2012 ·

La deuxième manière de Baucher apparait dans les dernières éditions de la « Méthode d'équitation basée sur de nouveaux principes » à partir de 1864. C'est elle qu'il faut retenir comme un apport essentiel à l'histoire de l'équitation.

Contraint par l'âge, et par les suites de son accident, à abandonner les aides « puissantes » de sa méthode initiale il y développe des procédés plus subtils. Il recherche un travail dans la légèreté et expose la relation harmonieuse entre le mouvement en avant et l'équilibre. Au contraire de l'effet d'ensemble, il développe la formule « Mains sans jambes, jambes sans mains ».

On trouve dans cette deuxième manière de Baucher l'amorce de la théorie des fondamentaux (rectitude, équilibre et mouvement en avant) sur laquelle repose notre pédagogie moderne et que L'Hotte exprimera ensuite par son célèbre « Calme, En avant et Droit ».

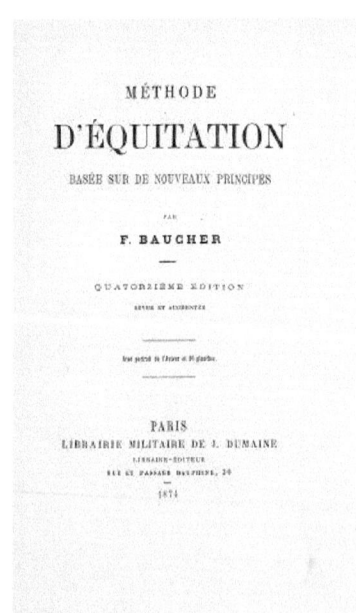

21 avril 2012 ·

Louis Seeger (1798-1865) était un écuyer allemand renommé, formé par Maximilian Ritter von Weyrother, écuyer en chef de l'Ecole espagnole de Vienne.

Son livre «System der Reitkunst » publié en 1844 est donc fortement influencé par les principes de La Guérinière.Contemporain de François Baucher, il l'avait vu travailler et avait monté des chevaux dressés par lui selon sa première méthode.Il s'opposa, à juste titre sans doute, à la tentative de Baucher d'introduire cette méthode en Allemagne en publiant en 1852 une critique sévère intitulée « Monsieur Baucher et sa méthode » avec comme sous-titre « Sérieux avertissement aux cavaliers allemands » !C'est tout dire !

Seeger a été le maître de Gustav Steinbrecht, lequel reprît à son compte son aversion pour Baucher..

23 avril 2012 ·

Gustav Steinbrecht (1808-1885) étudia la médecine vétérinaire à Berlin, avant d'être formé en équitation par l'écuyer Louis Seeger, selon les principes de La Guérinière. Il dirigea un manège à Magdebourg de 1834 à 1842, puis l'institut équestre de Berlin de 1849 à 1859, et à nouveau sa propre école à Dessau.

Son livre « Le Gymnase du Cheval », publié après sa mort, est considéré comme la bible de l'équitation allemande classique, et, par voie de conséquence, comme celle du dressage de compétition.

« Le Gymnase du Cheval » est un livre ardu dans lequel la plupart des cavaliers se perdraient. Il est, de toute façon, très difficile à trouver, même s'il a été réédité en 1985 par les éditions Elbé, et je n'ai pas trouvé de version numérisée.

Je conseille donc la synthèse faite par Jean-Claude Barrey qu'on trouvera en suivant le lien ci-dessous.http://www.cheval-nature.ch/PDF/79-Steinbrecht.PDF

25 avril 2012

Quand on parle de l'évolution de l'Ecole de Saumur, il faut éviter le piège d'un énorme malentendu.

L'Ecole Nationale d'Equitation (E.N.E.), telle qu'elle existe actuellement, a une triple mission, préserver l'héritage de l'équitation française, assurer la formation des cadres pédagogiques et promouvoir l'équitation et l'élevage français.Mais cette mission est récente ; elle date de la démilitarisation de l'Ecole au début des années 70'.

Avant cela, et pendant deux siècles, Saumur a été une école de cavalerie dont les seules missions étaient la formation des instructeurs des différents régiments et la recherche d'une équitation efficace en fonction de la tactique des différentes époques.Pendant toute cette période, l'histoire de l'Ecole a été une oscillation, au gré des Ecuyers en chef du Cadre Noir, entre les impératifs fixés par le Ministère de la Guerre et le désir de maintenir une tradition française de Haute Ecole,

La pratique de la Haute Ecole fût même interdite à Saumur, après la défaite de 1870.Il fallait des boucs émissaires et un critique malveillant avait même écrit « Pendant qu'ils rassemblaient leurs chevaux, les ennemis se rassemblaient en grand nombre » !

(La photo montre l'Ecole de cavalerie, au centre de la ville de Saumur où se trouvait le Cadre Noir jusqu'à la fin des années 60')

Il existe des académies d'équitation et des écoles de cavalerie à Saumur depuis la fin du XVI° siècle, mais c'est en 1814 que l'Ecole de Saumur est créée, sous le règne de Louis XVIII, dans la forme que nous connaissons.

Avant que d'Aure n'en prenne le commandement, il y eût à Saumur quelques écuyers issus de l'Ecole de Versailles. On retiendra Jean-Baptiste Cordier et Antoine Flandrin (gravure ci-dessous) qui cherchèrent à concilier une équitation dans la légèreté avec les impératifs militaires dans le « Traité raisonné d'équitation, en harmonie avec l'ordonnance de cavalerie ». (http://books.google.be)Avec le Commandant Rousselet, ils introduisirent les sauts d'école et le travail aux piliers, utilisés à Saumur comme moyen de mise en selle des futurs instructeurs.

Et puis d'Aure arriva et avec lui pour la première fois, mais il y en aura d'autres, il fallut selon l'exclamation célèbre jeter « la légèreté, à la Loire !». (La carrière des écuyers était en bordure du fleuve)

Les sauts d'école utilisés à Saumur sont au nombre de trois ; la courbette, la croupade et la cabriole.

L'Ecole de Vienne pratique la levade, la pesade, la croupade, la courbette, la ballotade et la cabriole.

Il faut noter que les mêmes termes ne représentent pas toujours les mêmes airs à Saumur et à Vienne.La courbette de Saumur correspond à peu près à la levade de Vienne, et la courbette viennoise est une levade projetée avec réception sur les postérieurs.

les sauteurs de Saumur

Le capitaine Charles-Hubert Raabe (1811-1863) était un bauchériste passionné et un militaire indiscipliné ; ce qui explique qu'il termina capitaine après 31 ans de service, avant de faire une deuxième carrière brillante comme écuyer civil.

En 1844, il écrit son premier livre, le « Manuel équestre pour dresser les jeunes chevaux d'après les principes de M. Baucher », … pendant les 30 jours d'arrêt dont il avait écopé pour avoir refusé d'appliquer la méthode d'Aure imposée par le Ministère de la Guerre ! Il écrira par la suite plusieurs autres livres dont un « Examen du cours d'équitation de M. d'Aure » (http://books.google.be) qui lui vaudra à nouveau 30 jours d'arrêt !

Considéré comme un des meilleurs écuyers de sa génération, il était réputé pour sa connaissance de la locomotion du cheval dont la photographie confirmera plus tard l'exactitude.

Le Général Alexis L'Hotte (1825-1904) a été formé à l'Ecole de cavalerie de Saumur par le Commandant Rousselet. Dès ses premières missions d'officier, il comprend qu'il est nécessaire de distinguer l'art équestre et l'équitation de campagne. Il préconise, par exemple, l'emploi du trot enlevé pour les hommes de troupe.

Il travaillera successivement à Saumur avec d'Aure qui était écuyer en chef, puis, à Lyon avec Baucher Elève et ami des deux écuyers, il les départagera ainsi : « L'équitation d'Aure est simple, pratique, facilement transmissible mais ses horizons sont bornés. L'équitation Baucher est artistique, présente les perspectives les plus étendues mais elle a ses écueils. »

LE GÉNÉRAL L'HOTTE ÉCUYER EN CHEF A SAUMUR MONTANT LIBUNS

1 mai 2012 ·

En 1864, le Général L'Hotte est nommé Écuyer en chef de l'École de Saumur.
Meilleur élève et ami de Baucher dont il est l'héritier spirituel, il interdira pourtant sa méthode à l'École de Saumur alors même qu'il l'utilisait à titre privé avec ses propres chevaux. Ce n'est paradoxal qu'en apparence puisque L'Hotte avait compris ce que la méthode bauchériste avait d'inadapté à l'équitation militaire.

Sa formule célèbre « Calme, En avant et Droit » orne encore les murs de beaucoup de manèges. Ses deux livres « Un officier de cavalerie » et « Questions équestres » seront publiés après sa mort, en 1905 et 1906.

(Dessin : L'Hotte présentant la reprise des sauteurs dans le manège des écuyers à Saumur)

2 mai 2012

La Société Hippique Française a organisé son premier concours hippique en avril 1866 dans le Palais de l'Industrie à Paris.

A cette occasion, le Cadre Noir a pour la première fois quitté Saumur pour présenter son carrousel devant l'Empereur et le Tout-Paris.

Voici la représentation sur un bois gravé publié par un magazine de l'époque le Monde Illustré.

3 mai 2012 ·

Le Général François Faverot de Kerbrech (1837 – 1905) a été un des élèves de Baucher dont il décrira la deuxième méthode dans son livre « Dressage méthodique du cheval de selle » publié en 1891 et considéré comme l'exposé le plus clair du bauchérisme.

Il fit sa carrière comme officier de cavalerie, puis comme Ecuyer de l'Empereur Napoléon III et enfin comme inspecteur général des remontes.

4 mai 2012 ·

James Fillis (1834-1913) est un électron libre dans l'histoire de l'équitation. Formé par l'écuyer de cirque Victor Franconi et bauchériste de deuxième génération, il a été l'écuyer en chef de l'Ecole de cavalerie de Saint Petersbourg.

Il est intéressant parce qu'il représente bien une période particulière de l'équitation dans laquelle les écuyers rivalisaient de virtuosité pour obtenir des mouvements spéciaux.Fillis revendiquait ainsi l'invention du galop sur 3 pieds, du galop en arrière et même du changement de pied au galop en arrière !

Tous ces mouvements cela nous semblent aujourd'hui complétement extravagants.

5 mai 2012 ·

Gustave Lebon (1841-1931) est avant tout un anthropologue et un psychologue social dont on redécouvre aujourd'hui la valeur. Il a été un des premiers, avec Freud, à traiter de la psychologie des foules.

Mais s'il nous intéresse, c'est pour ses recherches sur la psychologie, la locomotion et la biomécanique du cheval. Son livre « L'équitation actuelle et ses principes : recherches expérimentales. » est encore de nos jours un ouvrage de référence. Il y impose l'idée, évidente pour nous mais qui ne l'était pas à l'époque, que les théories équestres doivent se plier aux exigences de la nature du cheval.

7 mai 2012 ·

Le vétérinaire Jules Jacoulet (1850-1932) publie en 1894, avec son collègue Chomel, un « Traité d'hippologie » qui est une véritable encyclopédie des sciences du cheval ; anatomie, morphologie, alimentation, hygiène, pathologie, etc).

Ce livre a été souvent réédité, jusqu'après la dernière guerre. On le trouve encore sur les sites de livres anciens ou de livres d'occasion, à des prix assez élevés (entre 100 et 300€) mais pour ceux qui veulent approfondir leur connaissance du cheval il en vaut vraiment la peine !

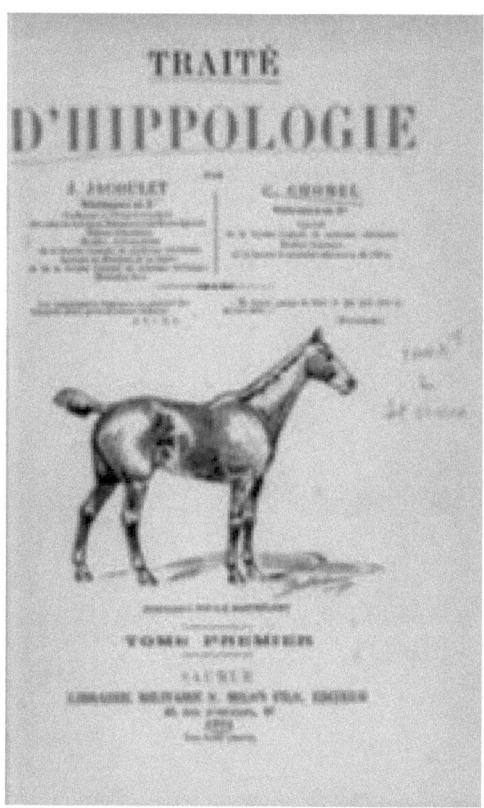

<u>8 mai 2012</u> ·

Etienne Beudant (1863-1949) est un bauchériste de deuxième génération. Il trouva son inspiration dans le livre de son professeur Faverot de Kerbrech.Sa particularité était de vouloir prouver qu'il était possible d'amener aux airs de haute école des chevaux tout à fait moyens, ce qui explique que certaines photos de Beudant nous laissent parfois perplexes devant le désengagement manifeste des postérieurs !

Il faisait l'admiration de ses contemporains ; Decarpentry l'appelait l'écuyer mirobolant !Il faut toutefois rappeler qu'à cette époque on s'émerveillait parfois plus de la virtuosité des écuyers capables d'obtenir « des choses », fussent-elles totalement artificielles comme James Fillis, plus que de l'aspect gymnastique des mouvements.

Beudant a néanmoins écrit des phrases essentielles comme « (laisser) le cheval agir de lui-même dès qu'on lui a donné la position. » ou « la clef … est la légèreté obtenue sans prendre en rien sur l'impulsion. ».

9 mai 2012 ·

Le Général Decarpentry (1858-1956) a fait partie de la période la plus brillante du Cadre noir, en même temps que Danloux, Wattel et Saint-Phalle.

Il a publié plusieurs ouvrages qui sont des références historiques sur la période du 19° et du début du 20° siècle : « L'Ecole espagnole de Vienne » (1946), « Baucher et son école » (1948), « Les Maîtres écuyers du manège de Saumur » (1954) et « L'essentiel de la méthode de haute Ecole de Raabe » (1956).

Mais son livre le plus important a été « Equitation académique » qui est à l'équitation française ce que le « Gymnase du cheval » de Steinbrech est à l'équitation allemande.

A la recherche d'un juste équilibre, il disait : « Ce n'est pas le relèvement de l'encolure, c'est l'abaissement des hanches qui est le but à atteindre. » et « L'impulsion doit avoir pour le cheval dressé l'intensité lancinante d'un besoin physique impérieux et permanent. »

10 mai 2012 ·

Le General Wattel (1878-1957) était au départ passionné de course et fît comme jockey une carrière brillante. Il vint à l'équitation de haute école progressivement au fil de ses formations à Saumur jusqu'à être considéré par ses pairs comme l'écuyer de sa génération.

Il n'a rien écrit mais occupe néanmoins une place importante dans l'histoire de l'équitation pour avoir restaurer l'Ecole de Saumur, complètement anéantie après la 1ère guerre mondiale.Une vingtaine d'écuyers et d'instructeurs avaient été tués au combat, les chevaux et les écuyers survivants avaient été dispersés et l'Ecole avait servi de cantonnement aux troupes américaines : la grande carrière était devenue un terrain de football américain et le manège des écuyers un atelier de réparation pour les véhicules !En moins d'un an pourtant, Wattel devait remettre l'Ecole sur pied et rétablir un Cadre Noir restreint.

Il était très taiseux, mais non sans humour ; à la question « Comment mettre un cheval au passage ? » il répondait « En se levant de bonne heure ! », ou « Comment demandez-vous un changement de pied ? » « J'y pense ! ».

11 mai 2012 ·

Le Commandant Xavier Lesage (1885-1968) a été l'Ecuyer en chef du Cadre Noir de 1935 à 1939.

Avec lui débute la participation des écuyers du Cadre Noir dans les grandes compétitions internationales.Il fût médaillé de bronze aux JO de 1924, et champion olympique individuel et par équipe aux JO de 1932 à Los Angeles.

En 2004, Pierre Durand a publié les notes et souvenirs de Xavier Lesage sous le titre « Les conseils du général Decarpentry à un jeune cavalier : notes sur l'instruction équestre et théorie du dressage ».

12 mai 2012 ·

Le Lieutenant-Colonel Georges Margot (1902-1998) avait participé aux JO de Berlin en 1936 en concours complet.Il entre à l'Ecole de cavalerie en 1937 comme sous-écuyer.

Rentré de captivité, il est chargé en 1946 de rétablir l'Ecole de Saumur: dès l'année suivante le Cadre est à effectif complet et peut reprendre en 1952 les tournées à l'étranger.Il est le premier Ecuyer en chef en exercice à s'être présenté dans les épreuves internationales de dressage.

C'est lui qui prépara la mutation de l'Ecole de Saumur vers sa démilitarisation au début des années 70'. Juge international renommé, il présida le jury aux JO de Tokyo.

14 mai 2012 ·

René Bacharach (1903-1991) est considéré comme le dernier écuyer bauchériste français. Il a connu Beudant et Wattel, et beaucoup travaillé avec du Breuil et Decarpentry.

Il a été le premier professeur de Michel Henriquet et l'un des premiers à découvrir Nuno Oliveira, dès 1960. Très cultivé il assurera la traduction de plusieurs grands maîtres (Oliveira, Diego de Bragance,

Podhajsky) et rédigera des articles très documentés comme en particulier un « Tableau synoptique des écuyers français du XVI° au XX°siècle.
Il publiera « Réponses équestres » en 1986.

J'ai monté sous sa direction lorsque j'avais 13 ou 14 ans ; malheureusement trop jeune et trop inexpérimenté pour en tirer vraiment bénéfice.

15 mai 2012 ·

L'Ecole espagnole de Vienne est la plus ancienne institution équestre européenne. Elle apparait en 1565 avec la création d'un manège en bois à Vienne et celle du haras de Lipica, en Slovénie d'aujourd'hui, qui donnera naissance à la race Lipizzan dont les souches espagnoles justifient le nom de l'Ecole ; à cette époque l'Espagne faisait partie de l'Empire autrichien..Le manège actuel (Winterreitschule) a été construit en 1729, sous le règne de Charles VI, près du Hofburg.

L'inspiration de La Guérinière a été renforcée après la Révolution française par l'apport des émigrés issus de l'Ecole de Versailles.

L'Ecole de Vienne aura eu en Europe l'influence de prestige d'un conservatoire de l'art équestre mais, contrairement à Saumur, elle n'aura jamais de mission pédagogique.De nos jours toutefois, la majorité des écuyers conduisent parallèlement une carrière d'écuyers civils.

16 mai 2012 ·

Le berceau de race du lippizan est situé à Lipica dans l'actuelle Slovénie (Lippiza en italien).

Elle a été créée au XVI° siècle par le métissage d'une race locale avec des chevaux espagnols ; 9 étalons et 24 juments, importés par la famille impériale des Habsbourg. Par la suite elle bénéficiera de l'apport d'étalons locaux, espagnols et italiens, pour être définitivement fixée au XVIII° siècle.

À partir de cette époque tous les produits descendront d'une des six lignées mâles ; Pluto (un pur sang andalou), Favory et Maestoso (étalons produits en Bohême), Conversano (étalon napolitain) et Siglavy (pur sang arabe). Traditionnellement chaque cheval porte le nom du chef de lignée dont il est issu.

Le lippizan est un cheval de petite taille (1m55 à 1m58) très musclé dans le dos et la croupe. Réputé « blanc », il est en fait gris clair puisqu'à la naissance il est gris très foncé et que sous le poil la peau est noire.

Après la Guerre de 14-18, le principal haras est délocalisé à Piber (1920) où les chevaux de l'Ecole de Vienne sont encore produits.

17 mai 2012 ·

Maximilian (Max) von Weyrother (1783-1833) a été Oberbereiter (Ecuyer en chef) en 1813 puis directeur de l'Ecole de Vienne de 1814 à 1833.

C'est lui qui fixa la doctrine et les règles de fonctionnement de l'Ecole et en fît la référence de l'équitation germanique.Il influença directement Louis Seeger, dont il a été le professeur, et donc indirectement Gustav Steinbrecht.

Son grand-père Adam von Weyrother a probablement été en contact direct avec La Guérinière pendant ses séjours en France. Son frère Gottlieb avait été lui-aussi Oberbereiter.

18 mai 2012 ·

Ernst Lindenbauer (1881-1961) a été formé dans toutes les disciplines équestres à l'écurie de l'archiduc François Salvator. En 1900, il effectue un service militaire de trois ans au 6e Régiment de dragons puis retourne au service de l'archiduc. En 1906 il entre à l'écurie impériale de campagne de Vienne.En 1919, après la dissolution de cette écurie suite à la défaite de la 1ère guerre mondiale, il est transféré à l'Ecole espagnole de Vienne et y devient Écuyer en Chef en 1926.Il a joué un rôle important dans la préservation de l'école de Vienne durant cette période d'après guerre qui voit la fin de l'empire d'Autiche-Hongrie et la création de la République d'Autriche.

19 mai 2012 ·

Gottlieb Polak (1883-1942) était le fils d'un employé du haras de Kladrub où il passa son enfance. Formé dans l'écurie impériale de Vienne, il intégra l'Ecole espagnole en 1917. Ecuyer en chef en 1927, Premier écuyer en chef en 1941 et finalement Maître d'équitation (Reitmeister), titre créé avec lui.

Aloïs Podhajsky fût son élève : Polak l'entraîna pour les JO de Berlin en 1936.

1 juin 2012 ·

Aloïs Podhajski (1898-1973) fait carrière comme officier de cavalerie dans l'armée autrichienne jusqu'au grade de colonel.Elève de Gottlieb Polak, il prend le commandement de l'Ecole espagnole de Vienne en 1939 lorsqu'elle est militarisée par les allemands. Il occupera ce poste pendant la deuxième guerre mondiale, puis, après la démilitarisation, jusqu'à sa retraite en 1965.Par la suite, il continuera à enseigner et à écrire jusqu'à sa mort.

Il marque l'histoire de l'équitation par son apport à la littérature équestre, mais aussi pour avoir sauvé la race des lippizans, et par conséquent l'Ecole de Vienne en 1945.

2 juin 2012 ·

A la fin de la guerre, Podhajski évacue les étalons de l'Ecole vers la ville de St Martin par crainte des bombardements sur Vienne.Il contacte le Général Patton, qu'il avait connu aux JO avant la guerre, et improvise en pleine nature une présentation de haute école devant Patton et le Sous-Secrétaire d'Etat Robert Patterson qui prennent la décision de placer les étalons sous la protection de l'armée américaine.

Podhajski avertit alors Patton que les allemands ont réquisitionné la plupart des poulinières et quelques étalons et les ont transférés de Piber à Hostau en Tchécoslovaquie, dans un territoire dévolu à l'armée soviétique, où ils risquent d'être abattus.Patton ordonne au Colonel Charles H. Reed d'effectuer une percée derrière les lignes soviétiques avec les blindés du 2ième régiment de cavalerie. Reed obtient la reddition des dernières troupes allemandes à Hostau et ramène 250 lippizans derrière les lignes américaines, sauvant ainsi la race d'une extinction certaine.

Cet épisode a fait l'objet d'un film de Walt Disney « Miracle of the white stallions » (en version française : Le grand retour) : un film un peu naïf mais que fît connaitre l'Ecole de Vienne par le grand public.

Les textes les plus importants d'Aloïs Podhajski ont été publiés en français sous le titre « L'Equitation » (Editions Odège) ; la traduction par le Commandant Edouard Dupont a été revue par sa veuve Eva Podhajski.

C'est à mon sens le livre le plus clair et le plus complet sur les progressions de dressage en vigueur à l'Ecole de Vienne. Il n'est plus disponible malheureusement, et difficile à trouver d'occasion.
Si vous avez une opportunité, n'hésitez surtout pas !

5 juin 2012 ·

Pendant plus d'un siècle l'équitation en France et en Allemagne a donc été marquée par une opposition frontale entre les tenants d'un classicisme inspiré par la Guérinière et ceux des méthodes novatrices de Baucher dans sa deuxième manière.

La personnalité de Baucher, avec ses outrances et son arrogance, la mauvaise foi de ses détracteurs comme d'Aure et Seeger, et le contexte politique d'une époque difficile ont rendu impossible toutes formes de dialogue et de compromis.Or nous savons maintenant que l'équitation de tradition française dont se réclament à la fois Saumur et Vienne est une synthèse de ces deux courants.

Cette synthèse viendra du Portugal, tenu à l'écart de cette querelle, où des maîtres comme Joaquim Gonçalves de Miranda, dernier écuyer de la maison royale portugaise, et surtout Nuno Oliveira, examineront sereinement les deux méthodes pour tirer le meilleur de chacune.

6 juin 2012 ·

Nuno Oliveira (1925-1989) a été l'élève de son parent Joaquim Goncalves de Miranda, dernier écuyer de l'école royale portugaise.Il commença sa carrière comme cavalier professionnel en travaillant pour des éleveurs et en dressant des chevaux pour la tauromachie ou pour de riches propriétaires.

Il s'installa d'abord dans la banlieue de Lisbonne à Povoa de Santo Adriao dans deux sections d'une usine désaffectée aménagées avec dans la première un manège de 12m sur 25 et dans l'autre, si mes souvenirs sont exacts, un rond de longe et une quinzaine de stalles.Dans le Portugal très pauvre de l'époque sa clientèle se limitait à quelques familles portugaises de haut rang, à des étrangers en poste à Lisbonne, et, progressivement à des stagiaires étrangers lorsque sa notoriété commença à se répandre.

Au début des années 60' il commença à se produire en spectacle et à donner des stages dans le reste de l'Europe d'abord, puis dans le monde entier.Michel Henriquet en France et Francis Laurenty en Belgique firent beaucoup pour le faire connaître.A la demande du Général Durand, Ecuyer en Chef, il séjourna plusieurs fois à Saumur pour présenter son équitation et ses conseils aux écuyers du Cadre Noir.

Sollicité pour diriger la nouvelle Ecole Portugaise d'Art Equestre, il déclina l'offre et recommanda à sa place son élève le docteur Guilherme Borba, car sans fortune, et peu intéressé à en acquérir, il avait besoin de ses stages à l'étranger pour financer son nouveau manège à Avessada .

Un des trois plus grands écuyers de l'histoire de l'équitation est mort pauvre sur son lit d'hôtel en Australie pendant un de ses stages : ses amis et ses élèves se sont cotisés pour rapatrier sa dépouille au Portugal !

7 juin 2012 ·

L'œuvre de Nuno Oliveira s'est nourrie de la connaissance encyclopédique des maîtres de la littérature équestre, et en particulier de La Guérinière, Baucher et Steinbrecht, qu'il aura étudiés mais dont il aura aussi testé scrupuleusement les méthodes et les procédés.

Son originalité aura été de rechercher entre eux non pas les différences mais les convergences et d'en faire une synthèse à laquelle il ajoutera un apport personnel considérable ; l'amour du cheval et la recherche constante de son plaisir et de son bien-être.L'art, disait-il, est la technique sublimée par l'amour.

Son premier ouvrage « Réflexions sur l'art équestre » (1965) a été une révélation pour tous les cavaliers à la recherche d'une équitation classique dans la légèreté.Vinrent ensuite « Principes classiques de l'art de dresser les chevaux » (1983), « Propos d'un vieil écuyer aux jeunes écuyers » (1983) et « Les chevaux et leurs cavaliers » (1986).L'ensemble est disponible sous le titre de « Œuvres complètes » (Editions Belin)

8 juin 2012 ·

Le cavalier talentueux et l'auteur remarquable ne doivent pas faire oublier le pédagogue hors pair qu'était Nuno Oliveira.l avait un réel plaisir à enseigner du moins lorsque l'élève manifestait son désir d'apprendre.

J'ai retenu de sa pédagogie que si en équitation « Comprendre c'est sentir », enseigner c'est donc mettre l'élève dans les conditions de sentir ; par le choix des chevaux et des exercices, mais aussi par une ambiance et un esprit du travail. Tous ceux qui ont eu la chance de monter les chevaux d'école dressés par Oliveira à Povoa, ou plus tard à Avessada, sont repartis sans avoir percé les secrets de la Haute Ecole, c'eut été trop beau, mais en ayant senti dans quel sens ils devaient chercher.

Il préconisait, avec 30 ans d'avance, ce que nous appelons aujourd'hui la pédagogie par objectifs et l'aide globaleSes remarques et ses conseils dirigeaient l'élève vers les buts à atteindre en termes de cadence, d'équilibre, de légèreté ou d'amplitude. Il donnait peu de directives techniques.Il racontait avec un plaisir jubilatoire qu'un écuyer du Cadre Noir de passage à Povoa lui avait demandé « Dans ce cas Maître utilisez-vous le 4ième ou le 5ième effet ? » et qu'il avait répondu « Oh moi, vous savez, je ne connais que la rêne gauche et la rêne droite ! ».L'anecdote illustre bien ce qu'il pensait de l'équitation laborieuse induite par l'école des aides telle qu'elle était pratiquée en France à l'époque.

<u>9 juin 2012</u> ·

Nuno Oliveira a eu avec la Belgique un contact privilégié. Le mérite en revient à Francis Laurenty, un homme de cheval de grande qualité, qui a très largement contribué à le faire connaître dans notre pays et à organiser ses présentations et ses stages.

Beaucoup de cavaliers belges ont été ses élèves assidus ; on peut citer, outre Francis Laurenty, Christiane Farnir, Hélène Arianoff et Dany Lahaye, mais aussi de nombreux moniteurs belges ont aussi suivi ses cours tant en Belgique qu'au Portugal. Antoine Decoux, un homme de cheval belge, qui a été le chroniqueur d'Oliveira, avait compilé dans ses cahiers les remarques et les conseils qu'il donnait à ses élèves. Il entreprit de les mettre en forme après la mort d'Oliveira mais décéda lui-même avant d'avoir terminé. Madame Laurenty termina son travail, publié sous le titre « Paroles du Maître Nuno Oliveira» (Editions Belin 2007).

<u>11 juin 2012</u> ·

L'époque n'est plus aux grandes bibliothèques et peu de cavaliers consacrent encore du temps à la lecture des maîtres.

Si vous ne devez posséder qu'un seul livre, je vous conseille « Propos sur des croquis équestres » de Nuno Oliveira et de Jean-Louis Sauvat, aux éditions Belin.

C'est une petite plaquette d'une centaine de pages dans laquelle les légendes de l'Ecuyer et les esquisses du peintre se répondent en effet miroir.
Quelques notes du Maître, les dernières qu'il a écrites, et quelques croquis au fusain de l'artiste ! Pas un mot du premier, pas un trait du second qui ne soient essentiels !

On ne parle ici ni de méthode, ni de technique, mais presque de philosophie équestre. Vous refermez ce livre et vous avez l'impression d'être intelligent car vous comprenez enfin que l'art équestre n'est rien d'autre qu'un plaisir partagé entre le cavalier et le cheval !

12 juin 2012 ·

Le stud book du pur sang lusitanien a été ouvert en 1966. Il est proche du Pur race espagnole avec lequel il partageait auparavant le terme d'andalou.

C'est un cheval solide, de taille moyenne, qui s'inscrit dans un cadre carré. L'encolure est forte, portée haut et le chanfrein souvent busqué. La robe est le plus souvent gris, isabelle ou bai.Comme le PRE il est réputé pour son caractère doux, alors que l'Alter Real est plus délicat.

Il est marqué au fer de son éleveur et il existe des différences relatives, de modèle et de prédisposition au travail, en fonction des élevages.

13 juin 2012 ·

L'actuelle Ecole Portugaise d'Art Equestre, située dans le palais royal de Queluz près de Lisbonne, a été créée par le ministère portugais de l'agriculture en 1979 pour restaurer une équitation artistique sur la base de la Picaria Real, le manège royal fermé à la fin du XIX° siècle.

Son premier directeur a été Guilherme Borba, un écuyer de grand talent formé par Oliveira mais aussi un vétérinaire particulièrement compétent en élevage à qui le Portugal doit en grande partie d'avoir redéveloppé la race de l'Alter Real.

14 juin 2012 ·

L'Alter Real est une race proche du pur race espagnol et du lusitanien dont la sélection commença au XVIII° siècle par l'importation au Portugal de 300 juments andalouses. Le haras d'Alter a été créé en 1756 pour fournir des chevaux de haute école à l'aristocratie portugaise.

La race faillit disparaître au XIX° siècle, en raison de métissages inadéquats, et fût restaurée au début du XX° siècle par un nouvel apport de sang andalou. Le ministère portugais de l'agriculture a financé la création de l'Ecole Portugaise d'Art Equestre en partie pour assurer la survie et le développement de cette race.

L'Alter Real reste un cheval rare, particulièrement doué pour la Haute Ecole. C'est un cheval de taille moyenne, 1m50 à 1m60, toujours bai ou bai foncé avec un corps rond et puissant, et une encolure portée haut, plus ombrageux que les autres chevaux de souche andalouse.

Les plus anciens d'entre nous se souviennent sans doute de « Farsiste », un Alter Real dressé par Oliveira et importé en Belgique par Francis Laurenty.

15 juin 2012 ·

Parmi les nombreux croisements réalisés avec les andalous, l'Anglo-Lusitanien mérite une attention particulière.La race possède son propre studbook au Portugal. Elle est issue du croisement d'un étalon PS et d'une jument Lusitanienne.

C'est un métissage réussi car l'Anglo-Lusitanien conserve les qualités du lusitanien (équilibre, bon caractère, docilité, prédisposition au dressage) mais le PS lui apporte des formes un peu plus longilignes et plus d'amplitude au galop.L'ensemble en fait un agréable cheval de selle et lui confère même des aptitudes en saut d'obstacle et en complet, dans les catégories moyennes.

16 juin 2012 ·

L'école royale andalouse d'art équestre (Real Escuela Andaluza del Arte Ecuestre) a été fondée 1973 par Don Alvaro Domecq Romero. Le Roi Juan Carlos en accepta la présidence d'honneur en 1987 et lui conféra son titre de «royale». Elle est située à Jerez de la Frontera dans des bâtiments d'architecture typiquement andalouse. L'école royale propose des cours et des stages de formation et de perfectionnement, ainsi que des présentations publiques. Le spectacle «Comment dansent les chevaux andalous» (Como bailan los caballos andaluces) est présenté dans le manège de l'école, qui peut accueillir 1600 spectateurs, ainsi que dans des exhibitions dans le monde entier. La tenue des écuyers est le costume andalou du XVIII° siècle : guêtres de cuir sur des bas blancs, gilet, chemise à jabot, boléro bleu à parements d'or, chapeau noir conique et foulard à pois qui retombe sur la nuque.

18 juin 2012 ·

Le Pur race espagnole (PRE) est le terme qui prévaut aujourd'hui pour désigner le cheval qu'on appelait autrefois l'Andalou ou le Genêt d'Espagne (Le terme venait de « Jinete » qui désignait l'art de monter à cheval).

Il y a peu de différence morphologique entre lui et son cousin le Pur Sang Lusitanien.Comme tous les ibériques, dont il est la souche de base, il est au départ de petite taille, autour de 1m60, quoiqu'on voit de plus en plus de sujets plus grands surtout dans les élevages situés hors du berceau géographique de la race.

Le PRE est surtout utilisé en dressage baroque, ou plus spécifiquement en « doma vaquera » une équitation de travail comparable à l'équitation américaine et héritière, comme elle, des élevages de bovins.

19 juin 2012 ·

Les distinctions habituelles, pour désigner d'une part le dressage « artistique » ou « baroque » et d'autre part le dressage « de compétition » ou « FEI », masquent difficilement une réalité qui interpelle ; le même terme « dressage » s'applique aujourd'hui à des modes d'utilisation du cheval qui n'ont plus grand-chose à voir les uns avec les autres !

Le dressage de compétition en vigueur aujourd'hui assume complètement son imprégnation germanique puisque les directives de la FEI sont fondées sur le Manuel de la cavalerie allemande de 1912.Après tout, pourquoi pas ? La compétition est un jeu dont les participants acceptent les règles et celui qui n'y adhère pas n'est pas obligé d'entrer dans la partie !

Il faut bien admettre cependant que les concepts de soumission totale, d'appui constant, de prédominance absolue du mouvement en avant sur la légèreté, d'allures mécanisées et d'une fixité quasi robotisée sont inconciliables avec une équitation de tradition française telle qu'elle est développée dans toutes les écoles qui se réclament de La Guérinière, y compris l'Ecole de Vienne.

Ce constat mérite au moins une réflexion !

20 juin 2012 ·

Les règles sont faites être appliquées tant qu'elles ne sont pas changées ; les juges de dressage ont donc raison de remplir leur mission telle qu'elle leur est confiée par la FEI et, de leur côté, il est compréhensible que les cavaliers travaillent leurs chevaux pour répondre aux directives données aux juges.Mais ainsi le serpent courre après sa queue ; le juge note un travail réalisé en fonction de sa note ! Dès lors que les objectifs ne sont plus clairement définis, les exercices cessent d'être le moyen de les atteindre pour devenir le but même du travail.

Au risque de déplaire je pense que nous connaissons aujourd'hui un incroyable paradoxe ; on trouve plus d'équilibre et de légèreté dans les compétitions de saut d'obstacle que dans les compétitions de dressage !Il serait temps que le balancier reparte dans l'autre sens et que la FEI recadre ses directives en dressage en reprenant en compte les principes d'une équitation dans la légèreté, sauf à se présenter comme une fédération non plus internationale mais uniquement germanique !

21 juin 2012 ·

Mon domaine principal d'activité est l'entraînement en complet et en saut d'obstacle. Si je m'autorise à parler des compétitions de dressage, c'est parce que les conceptions en vigueur dans cette discipline finissent par interférer sur les autres, et en particulier sur le complet. Elles s'accommodent mal, en effet, avec la réactivité, l'esprit d'initiative, la générosité et l'intelligence du saut indispensables au cheval de cross.

La réflexion semble entamée, du moins dans les pays d'Europe du sud, et de nombreux juges des épreuves de dressage du concours complet commencent à privilégier l'équilibre, la légèreté et la fluidité dans le travail de plat. Mais cette réflexion devrait être menée plus avant et confortée par des directives FEI mieux pensées.

23 juin 2012 ·

Le Commandant Jean-Charles Licart (1896 – 1965) a écrit plusieurs ouvrages dont les plus importants sont « Perfectionnement équestre » et « Equitation raisonnée ».Il a eu le mérite de vulgariser la théorie équestre ; ses livres facilement accessibles ont été largement diffusés depuis les années 60'et restent encore aujourd'hui un bon support pour le cavalier amateur.

« Perfectionnement équestre » est dans la ligne de la doctrine officielle française de l'époque, inspirée par Decarpentry, mais avec des expressions plus simples comme lorsqu'il écrit, par exemple, qu'il faut «Faire perdre au cavalier l'habitude de se servir des mains et lui faire prendre celle de se servir des jambes».

Son livre le plus connu et le plus intéressant est « Equitation raisonnée ».
Cet ouvrage explique les caractères anatomiques et biomécaniques du cheval qui conditionnent la pratique de l'équitation ; c'est le même

thème que le livre de Gustave Le Bon mais plus à la portée d'un cavalier moyen.Ma seule remarque négative est un peu technique : Licart, qui a bien exprimé par ailleurs que la mise en main ne peut s'obtenir que d'arrière en avant, a mal compris le rôle du muscle inférieur de l'encolure (mastoïdo-huméral) qui ne se contracte pas, mais au contraire se relâche, pour produire la mise en main. C'est une nuance importante qui fait la différence entre le « Placer » consenti par le cheval et le « Ramener » imposé par le cavalier

25 juin 2012 ·

Avec le développement du saut d'obstacle au XX° siècle on a vu apparaître des auteurs traitant de l'équitation sportive, ce qui n'avait pratiquement jamais existé.

Parmi eux, Bertalan de Nemethy (1911-2002). Il était d'origine hongroise, formé à l'Ecole d'équitation militaire, et cavalier international de saut d'obstacle.Il a fait partie de l'équipe hongroise aux JO de 1940.

Emigré aux Etats Unis au début de la guerre 40-45, il y a été entraîneur national pendant 25 ans, dirigeant l'équipe américaine pendant six olympiades.
Il a été un des pionniers du travail athlétique du cheval par la recherche des cadences, l'amélioration et la coordination des gestes.

Son livre « La méthode Némethy » (Ed.Lavauzelle 1988) décrit ses procédés d'entraînement. C'est un ouvrage de base pour les moniteurs de saut d'obstacle.

26 juin 2012 ·

Jean d'Orgeix (1921-2006) a été, c'est peu de le dire, un personnage hors du commun qu'on ne peut mieux décrire que par le terme « aventurier ».

Il fut tour à tour acteur de théâtre et de cinéma, garde du corps, directeur de théâtre, cavalier international de CSO médaillé d'or olympique à Londres en 1948, pilote de stock-car, champion du monde de voltige aérienne, guide de safari en Centre Afrique, entraîneur de l'équipe de France de CSO médaillée d'or aux JO de Montréal en 1976 et homme politique monarchiste engagé au Front National !

Une anecdote qui illustre bien son côté hors norme ; sa première épouse, Michèle Cancre, cavalière internationale elle-même, l'aurait quitté après lui avoir donné à choisir entre elle et Zouma, une jeune … femelle léopard qui vivait en liberté dans leur appartement !

27 juin 2012 ·

La personnalité de Jean d'Orgeix rappelle un peu celle de François Baucher ; même ego surdimensionné qui leur fait penser que personne avant eux n'avait vraiment compris l'équitation, même outrance dans l'expression écrite, même envie somme toute de heurter l'establishment équestre de leur époque en inventant des procédés en rupture avec la méthodologie habituelle.

Cette attitude a eu pour effet de brouiller, chez leurs contemporains, le message qu'ils voulaient faire passer ; les controverses entre d'Orgeix et l'école de Saumur étaient quasi permanentes !

En donnant la priorité à l'équilibre et au rythme, d'Orgeix devait s'attirer les foudres des adeptes de Decarpentry qui avaient cru comprendre, à tort, qu'impulsion et mouvement en avant étaient synonymes.

Son apport n'est pas comparable, bien sûr, à celui de Baucher, mais pourtant sa notion de l'équilibrage a fait progresser notre pédagogie moderne.

En saut d'obstacle en particulier, la gestion des trajectoires de saut, qui découle de cet équilibrage, a été déterminante dans l'évolution de l'équitation sportive.

Il a été un auteur foisonnant, n'hésitant pas à évoluer et même parfois à se contredire d'un livre à l'autre. Ceux qui veulent l'approcher pour la première fois auront intérêt à commencer par « Equitation de saut d'obstacle, tomes 1 et 2 » (Editions Jean-Michel Place) ou par son dernier livre « Dresser c'est simple » (Editions Belin 2007).

28 juin 2012 ·

Pierre Chambry, Ecuyer-Professeur, était le fils d'un officier des Haras.
Il a fait sa carrière à l'île Maurice, puis au Congo (Bukavu et Kinshasa) avant d'ouvrir un collège équestre en France.Son fils Tristan a été écuyer du Cadre Noir.

Il a écrit plusieurs livres dans lesquels, comme Licart, il a su mettre la théorie équestre à la portée de tous ; des adolescents, pour ses « Cahiers d'équitation », ou des cavaliers adultes, pour « Equitation » et « Allures et sentiments ».Son imagination et son talent de dessinateur lui ont permis d'illustrer ses propos de manière particulièrement claire et efficace.

Il a été aussi l'illustrateur des ouvrages de nombreux auteurs ; Licart, Aublet, de Carne (Prince Errant), Saint-Fort Paillard, etc.

Il est mort en 2008.

29 juin 2012 ·

Pierre Chambry a été mon premier professeur. Excellent pédagogue, il était aussi dessinateur animalier, peintre et sculpteur.Après la leçon, au coin du bar, il prenait un carton de bière, un crayon et en quelques traits il nous réexpliquait une position ou un geste.

Il nous disait d'écrire au plafond de notre chambre, au-dessus du lit, « Un cheval dérobe toujours de l'épaule » de sorte que ce soit la première chose qui nous frappe le matin en ouvrant les yeux !Quand on a vraiment intégré cela, on comprend tous les problèmes de rectitude et la moitié des problèmes d'équilibre.

30 juin 2012 ·

Yves Benoist-Gironière (1903-1983) commence sa carrière comme Lieutenant du 1er régiment de spahis, en Algérie, où il se familiarise avec le concours hippique. Il suit le cours de perfectionnement à Saumur en 1932 puis intègre l'équipe internationale française de CSO.
Il se distingue dans la résistance et quitte l'armée, en 1946, avec le grade de chef d'escadron, pour entamer une carrière d'instructeur civil.

Comme Pierre Chambry, il est aussi dessinateur, peintre et sculpteur.Il est l'auteur de nombreux livres ; entre autres, « Conquête du cheval », « Conquête du cavalier », « A cheval ma mie », « Cheval mon cher soucis », « Rêveries équestres », etc.Ses livres, des recueils de dessins avec des légendes de quelques mots, eurent un énorme succès dans les années 60' à 80'.Rares étaient les jeunes cavaliers de l'époque qui n'avaient pas reçu un, ou plusieurs, Benoist-Gironière pour un anniversaire ou une fête de Noël !La conséquence de cela était que ces générations avaient une connaissance de l'hippologie et des soins aux chevaux qui ferait rêver aujourd'hui !

4 juillet 2012 ·

George H. Morris (1938) doit être, à mon sens, considéré comme le meilleur entraîneur du monde.

Il a été à 14 ans le plus jeune cavalier à remporter la finale du championnat « Hunter Seat ».Comme cavalier, il a gagné, avec ses coéquipiers, huit Coupes des Nations avant de remplacer Bertalan de Nemethy comme entraîneur de l'équipe américaine de saut d'obstacle.Sa formation en « Hunter Seat » fait qu'il a vraiment imposé au niveau international la primauté de la position équilibrée, de la qualité de la main et du respect de la cadence.

5 juillet 2012 ·

Le livre de Georges H.Morris « Hunter Seat Equitation » publié pour la première édition en 1971 est considéré comme la bible de cette discipline.
Morris a écrit plusieurs autres livres et produit des vidéos didactiques.

Il a publié en français « Equitation, Style et CSO » (Editions Lavauzelle – 2004)

6 juillet 2012 ·

Michel Henriquet est le spécialiste français du cheval ibérique.Il a été l'élève du maître Nuno Oliveira pendant 30 ans et sa doctrine repose donc sur la synthèse des principes de l'École de Versailles enrichie par certains des éléments de la deuxième manière de Baucher.

Président fondateur de l'Association française du cheval lusitanien, il a aussi créé en 2002 l'Association pour La légèreté en équitation (Allege-Ideal) avec le colonel Carde, ex-écuyer en chef du Cadre Noir et Jean d'Orgeix.Il a conduit son épouse Catherine à être championne de France et à participer aux JO de Barcelone.

7 juillet 2012 ·

Michel Henriquet a défini la cession d'une manière particulièrement claire :

« À la position déterminante s'ajoutent les gestes minimaux, les aides qui en précisent la direction et les variations. La cessation momentanée de ces gestes avec le maintien de la tension lombaire correspond à la « descente de main et de jambe » autrement dit à la cession. Elle prend effet lorsque le cheval conserve l'attitude et la cadence demandées sans autre action que la position tonique du cavalier, le contact des rênes réglées à leur demi-tension.»

A lire et à relire jusqu'à s'en pénétrer car c'est la clé de l'équitation dans la légèreté !

10 juillet 2012 ·

Michel Robert (1948) est un des trop rares exemples de professeur qui soit à la fois cavalier de très haut niveau et excellent pédagogue.Il est, en quelque sorte, le pendant francophone de Georges Morris.

Breveté moniteur à 18 ans, il a commencé sa carrière sportive en complet pour obliquer ensuite vers le saut d'obstacle, ce qui lui permis d'acquérir une expérience multidisciplinaire.

Il illustre parfaitement une pédagogie moderne basée sur la position centrée, sur l'harmonie des fondamentaux, dont il a été un des premiers à souligner l'importance, et sur la légèreté.

Michel Robert a passé sa jeunesse au centre équestre de Chambery que son père avait fondé. Il y pratiqua la compétition, dans les trois disciplines, au niveau régional puis national. Une fois obtenu son monitorat, il a fait de nombreux stages chez les meilleurs cavaliers de son époque.

Son palmarès est impressionnant : 2 médailles de bronze aux JO, 5 médailles aux Championnats du Monde (1 en or, 2 en argent et 2 en bronze), 6 médailles aux Championnats d'Europe (5 en argent et 1 en bronze), 5 titres de Champion de France, et de nombreuses victoires en Grand Prix.

Michel Robert a écrit plusieurs livres : « Secrets et méthode d'un grand champion » (Éditions Arthésis – 2003), « Carnet de champion » (Éditions Ridercom – 2008) « Les secrets de l'abord parfait » (Éditions

Ridercom – 2010), « La préparation en longe du cheval de sport » (Éditions Ridercom – 2011).Il a réalisé également plusieurs DVD didactiques.

Il a créé récemment un site de cours en ligne baptisé « Horse Academy » dans lequel les cours sont détaillés et illustrés de vidéos de photos et de croquis.

25 juillet 2012 ·

Philippe Karl (1947) est une figure importante du courant en faveur d'une équitation dans la légèreté.

Après une première formation en zootechnie à Rambouillet, il suit le cours de l'Ecole des Haras dont il sort avec un brevet d'instructeur en 1971.
Il dirige d'abord un centre de formation professionnelle, puis son propre manège ; pendant cette période il pratique surtout le complet et le saut d'obstacle.

Il intègre le Cadre Noir en 1985 et y reste 13 ans. Il y présente, en particulier, des tableaux historiques dans une équitation à l'ancienne. Il sera le premier écuyer du Cadre à présenter en gala un cheval d'origine ibérique.

A partir de 1998, il donne des stages de dressage et se consacre à la formation d'instructeurs dans ce qu'il définit lui-même comme l'Ecole de la Légèreté.

26 juillet 2012 ·

Philippe Karl a écrit plusieurs ouvrages ; « Dérives du dressage moderne », « Une certaine idée du dressage » et « L'emploi des longues rênes » (édités chez Belin).
Les deux premiers sont des livres classiques, parfois un peu polémiques même si on est d'accord avec ses propos ; le troisième est un livre très original parce que traitant d'un sujet peu abordé en littérature équestre.

Il a publié plusieurs articles importants autour d'une idée primordiale : la cession de mâchoire est la clé de la mise en main, elle précède et détermine la cession de nuque, et pas l'inverse ! Il a réalisé également des DVD, dont les quatre volumes de « Dressage classique ».

7 août 2012 ·

On parle souvent d'équitation dans la légèreté par opposition à l'équitation « normale » pratiquée dans les compétitions de dressage FEI ; c'est un non-sens ! Il faudrait parler d'équitation, tout simplement, lorsqu'on parle d'un travail dans la légèreté et de gesticulation équestre quand on parle du dressage moderne !

La caricature qui suit est drôle mais aussi, malheureusement, tout à fait pertinente !

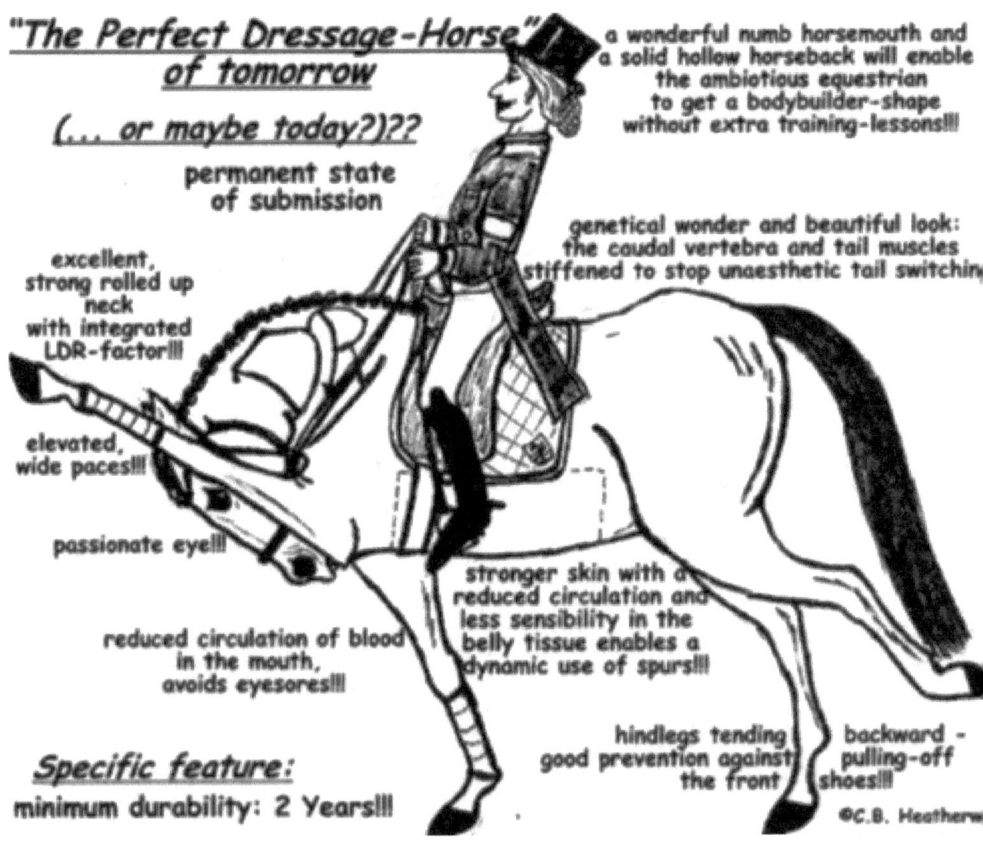

10 août 2012 ·

Lorsque j'étais jeune, je pensais comme beaucoup que la légèreté était une sorte de Saint Graal que quelques rares initiés apercevaient à la fin de leur vie après des années de recherche. Pas du tout ! La légèreté n'est pas un aboutissement mais, au contraire, un point de départ ; elle est la clé qui ouvre la voie vers le rassembler, et elle doit prévaloir dès le début du travail du jeune cheval.

La légèreté peut se définir par l'équilibre du cheval qui se porte de lui-même sans l'appui de la main et se caractériser par un contact moelleux que le cheval prend avec cette main par l'intermédiaire d'une rêne à demi tendue. Elle implique l'absence de résistance et donc, à la fois, une rectitude suffisante et une activité généreuse des postérieurs.

11 août 2012

Parler de légèreté amène à évoquer des notions qui ne sont pas toujours bien comprises par les cavaliers : Contact, appui, tension !

Le contact est une relation entre la bouche et la main établi par le cheval ; il s'organise d'arrière en avant. L'appui est cette relation établi par le cavalier, au mieux par une résistance et au pire par une traction ; il s'organise d'avant en arrière.

Le contact est une qualité qui doit être complétée par la tension, une transmission souple et constante des forces propulsives vers la main, au travers du dos, de la nuque et de la bouche. Sans cette tension le contact dégénère et le cheval vient en dedans de la main.

L'appui est toujours un défaut : il n'est pas impossible d'atteindre le rassembler avec un appui pour autant que les forces propulsives soient supérieures à la résistance du cheval, mais on entre alors dans le domaine de l'effet d'ensemble qui détruit toujours le moral et la spontanéité du cheval.

14 août 2012 ·

La polémique sur le Rollkür (l'hyperflexion de l'encolure) après les JO relance encore la question de l'encapuchonnement.

Avouons d'abord que tous les cavaliers, à un moment de leur formation, ont pensé que l'encapuchonnement n'était peut-être pas aussi mauvais qu'on le dit !La plupart ont compris ensuite que la fausse légèreté qu'il offrait était un cadeau empoisonné !

Admettons ensuite que la définition classique n'est pas toujours judicieuse !La référence à la nuque, point le plus haut de l'encolure, est juste dans la mise en main mais évidemment pas dans la mise sur la main, quand le cheval travaille vers le bas.La verticalité du chanfrein dépend du modèle ; les chevaux qui ont une nuque longue, ce qui est une grande qualité, travaillent souvent correctement avec un chanfrein un peu en-deçà de la verticale, surtout dans la mise sur la main vers le bas.

L'encapuchonnement se juge autrement, par la perte de tension. L'arc de l'encolure se brise vers la 3ième cervicale, les forces propulsives ne sont plus canalisées jusque la bouche et le cavalier n'en dispose plus.
Lorsqu'en plus ces forces sont insuffisantes, elles se perdent dans l'affaissement de la base de l'encolure, ce qui entraîne un raidissement du dos et un désengagement des postérieurs.

15 août 2012 ·

Parler de « stretching » à propos du rollkür est inadéquat.

Bien sûr que l'hyperflexion met les muscles supérieurs de l'encolure en extension, mais c'est inutile ; aucun cheval au monde n'a jamais eu le moindre problème pour brouter ou pour se mordiller la cuisse

!Le problème n'est pas là ; le stretching doit concerner les muscles du dos-rein et l'encapuchonnement est sans effet sur leur extension.

Un muscle ne peut s'assouplir qu'en élongation et jamais en contraction. Pour assouplir la ligne du dessus il faut donc placer le cheval sur la main vers le bas et engager les postérieurs.Cette attitude doit être la plus habituelle pendant le débourrage, elle doit être recherchée ne serait-ce que quelques minutes pendant l'échauffement d'un cheval dressé et elle constituera toujours la récompense la plus appréciée par le cheval.

Le plus important dans cette attitude est l'élévation de la base de l'encolure qui provoquera la voussure du dos et permettra l'engagement des postérieurs.La nuance entre « bas et long » ou « bas et rond » ne me semble pas intéressante : La position de la tête, plus ou moins en avant et plus ou moins vers le bas, variera avec chaque cheval en fonction des attaches et de la longueur de son encolure et de sa nuque.Il revient au cavalier de trouver le positionnement et la cadence qui favoriseront au mieux l'élévation de la base de l'encolure.

Ajoutons que la mise sur la main vers le bas favorise l'engagement mais ne l'impose pas. Il faut donc, quand le cheval vient sur la main, que le cavalier se redresse et avance son assiette pour amplifier la foulée et maintenir la tension.

<u>16 août 2012</u> ·

Certains pensent qu'il faut commencer le travail par mettre le cheval en main, d'autres par engager ses postérieurs : la vérité est comme toujours au milieu et le milieu c'est le dos !

Le dos est le fléau de la balance dont les massifs antérieurs et postérieurs sont les plateaux. Lorsque le dos est raide, ou creux, rien n'est possible ; lorsque le dos est en place tout devient juste car le cheval peut se porter de lui-même et décontracter sa mâchoire.

Sur la photo, le cheval qui donne son dos à la longe exécute un travail très simple mais parfaitement juste ; son attitude illustre bien la position de base dans la mise sur la main.

De cette base, il faudra évoluer vers le rassembler par l'engagement d'abord et par la mise en main ensuite : un dicton dit « La mise en main est un cadeau des hanches ! ».Le tact du cavalier consistera à maintenir, à chaque étape de cette évolution vers le rassembler, l'harmonie entre l'équilibre et le mouvement en avant.

Toute l'équitation repose sur le relèvement de la base de l'encolure car le dos est l'articulation qui permet d'abaisser le bout de derrière et de relever le bout de devant.

17 août 2012 ·

Les chevaux sont comme nous, gauchers ou droitiers, mais heureusement ils sont moins maladroits que nous et corrigent plus vite leur asymétrie.

Au départ le jeune cheval est toujours plus ou moins concave d'un côté et convexe de l'autre: il n'est pas non plus centré dans le plan vertical et se couche légèrement vers le côté convexe.Le cheval concave à droite, ce qui est le plus fréquent, tournera donc assez largement à droite, puisque sa hanche droite est plus haute, mais en s'incurvant facilement, et plus court à gauche, puisque sa hanche gauche est plus basse, mais sans s'incurver; il se traversera très facilement au galop à droite et moins, ou pas du tout, au galop à gauche.

Il serait inexact de dire que le jeune cheval travaille bien d'un côté et mal de l'autre; en fait il fait des fautes différentes des deux côtés. Le premier objectif de travail sera de le redresser, en mettant en extension le côté concave, car il faut considérer que la rectitude, relative par rapport au niveau du travail, est un prérequis pour n'importe quel exercice.

<u>18 août 2012</u> ·

La plupart des remarques qui concernent la rectitude font référence au plan horizontal ; pli ou contre-pli, incurvé ou droit, traversé, etc. Mais le cheval travaille évidement dans les trois dimensions et il faut donc intégrer la verticalité dans nos critères d'appréciation.

En dressage, où les allures sont relativement lentes, le plan vertical du corps du cheval doit rester pratiquement perpendiculaire au sol. Dans les disciplines plus rapides ce plan doit s'infléchir plus ou moins vers l'intérieur pour s'opposer à la force centrifuge.

Le critère essentiel sera la répartition correcte du poids sur les quatre pieds qui se posent bien à plat ; c'est, par exemple, ce que vérifie votre vétérinaire lorsqu'il examine votre cheval sur la petite volte au trot sur le dur. Le cavalier dispose d'un critère visuel facile ; la nuque et les oreilles. Dans les allures lentes les deux oreilles doivent rester à la même hauteur, sans basculement de la nuque, et dans les allures rapides le plan de la tête doit être en continuité avec le plan de l'encolure et du corps.

Le basculement de la nuque traduit une torsion de la colonne vertébrale et une surcharge d'un antérieur ou d'un latéral. Après il faut bien sûr en rechercher la cause, faute de main, résistance à la sangle ou désengagement d'un postérieur, et y apporter une solution.

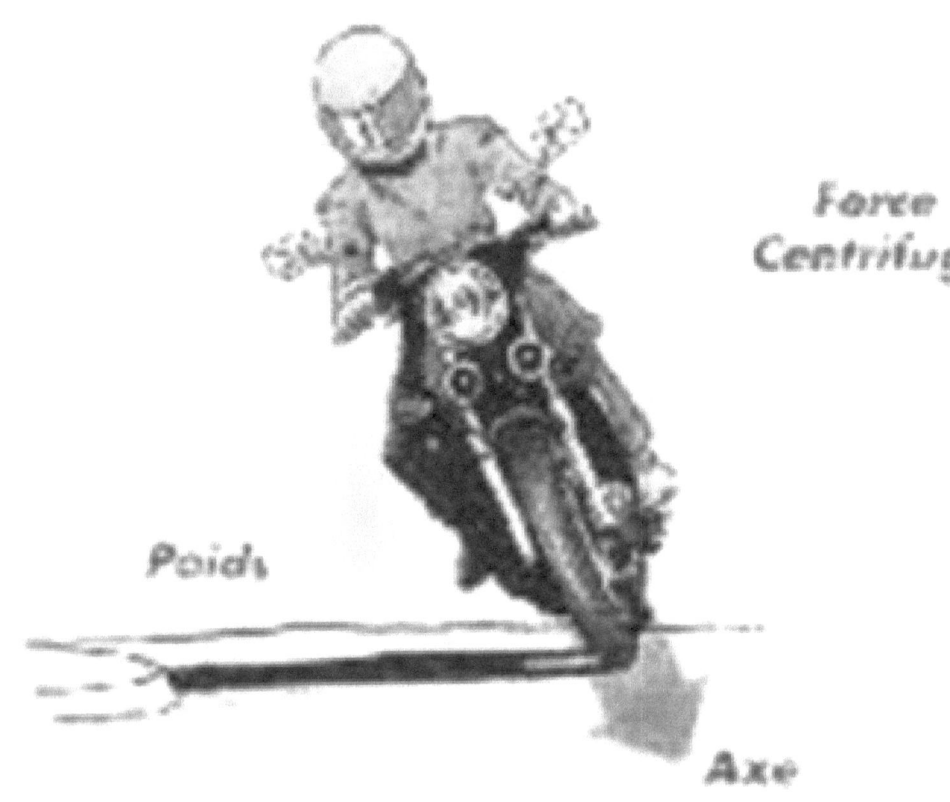

19 août 2012 ·

La notion de rectitude se résume au niveau élémentaire à des données géométriques; aller en ligne droite d'un point à un autre ou faire un cercle rond.

Au niveau secondaire elle se définit par une disposition des épaules devant les hanches qui permet la régularité et le contrôle de la propulsion.

Au niveau du perfectionnement elle rejoint la notion de symétrie : Elle se définit alors par une amplitude égale des oscillations alternées (au pas et au trot) et par la flexion égal…

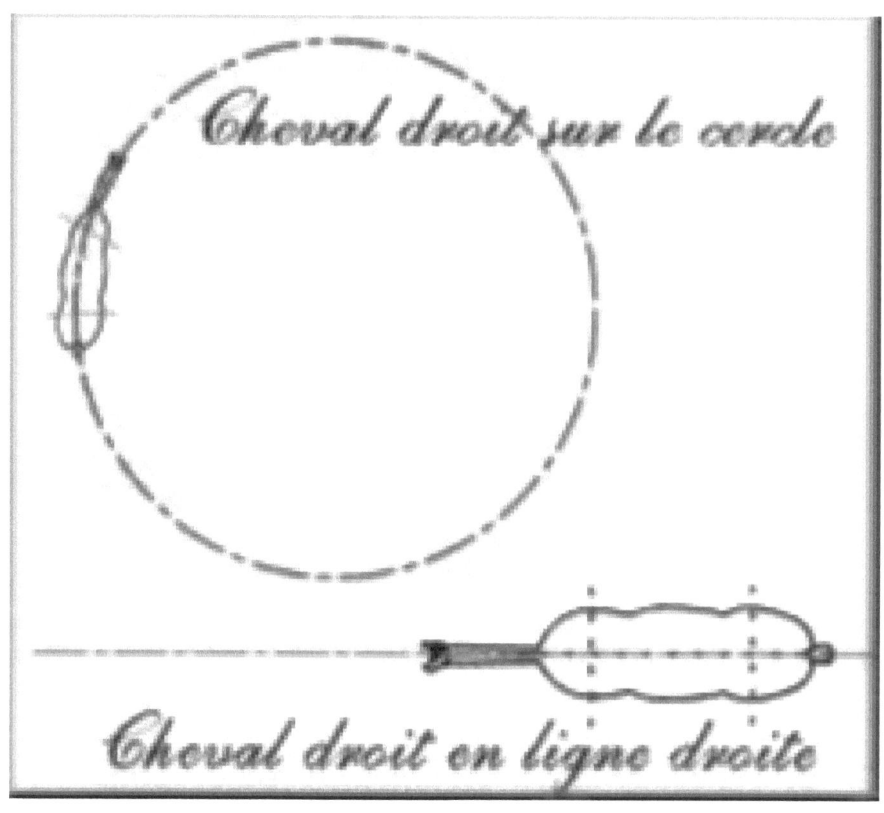

20 août 2012 ·

Le mouvement en avant résulte pour l'essentiel de la propulsion engendrée par le jeu des membres postérieurs; les antérieurs ont un petit rôle de traction que nous pouvons considérer comme négligeable.

Le postérieur agit comme un ressort dont la puissance de propulsion dépendra autant de la compression (flexion) que de la détente (extension).
Le membre travaille en 4 phases: appui, lever, soutien et poser.L'engagement du postérieur se fait entre le poser et de début de

l'appui, la détente entre l'appui et le début du lever.Sur la photo, le postérieur gauche va se poser (début de l'engagement) et le droit va quitter l'appui (fin de la détente).

Ces deux éléments ne sont pas nécessairement coordonnés chez le jeune cheval. Certains modèles seront à prédominance d'engagement, ils auront tendance à rester derrière la main, d'autres, les plus nombreux, seront à prédominance de détente et auront tendance à passer au travers de la main.

C'est par le travail et des exercices appropriés que le cavalier harmonisera ces deux composantes.

<u>21 août 2012</u> ·

Le cheval n'est pas moins fainéant que nous ; asymétrique au début de son dressage, il utilisera tout naturellement ses points de force et le moins possible ses points de faiblesse.Il faut évidemment le travailler dans ses faiblesses, car à défaut on renforcerait encore les points forts et on affaiblirait encore les points faibles.

C'est ainsi que dans son mode de propulsion par l'utilisation de ses postérieurs, le cheval utilisera plus volontiers un postérieur que l'autre.
Il faudra commencer par réguler l'action des deux postérieurs par les assouplissements latéraux et la rectitude.

Il utilisera également plus volontiers soit la phase de détente, soit la phase d'engagement, selon son modèle et son tempérament.Le cheval à prédominance de détente devra être travaillé, progressivement, sur le plat dans la recherche des foulées rassemblées et les mouvements de flexion, et à l'obstacle dans la recherche des foulées courtes, les abords près du pied et les trajectoires hautes.Inversement, le cheval à prédominance d'engagement devra être travaillé, progressivement, sur le plat dans la recherche des foulées allongées et les mouvements de détente, et à l'obstacle dans la recherche des foulées longues, les abords loin du pied et les trajectoires basses. Le mot important dans ces phrases est « progressivement » !

Sur la photo, exemples d'une trajectoire basse avec prédominance de détente, plus souvent recherchée en cross, et d'une trajectoire haute avec prédominance d'engagement, plus souvent recherchée en CSO.

<u>22 août 2012</u> ·

Deux photos qui illustrent bien deux conceptions du travail du cheval. Le critère pour les différencier est très simple : regardez les lignes de l'avant-bras et du canon postérieur opposé.

Dans la première photo (Nuno Oliveira) ces lignes sont parallèles sur les deux diagonaux. Le cheval est en équilibre dans un contact léger sur la seule rêne de filet. L'allure est sublimée mais naturelle.

Dans la seconde photo les lignes sont parallèles sur le diagonal au poser mais ne le sont plus sur le diagonal au soutien. Le compas formé par les antérieurs est beaucoup plus ouvert que celui des postérieurs. Cette exagération du geste de l'avant-bras gauche, qui sur une vidéo donnerait l'impression d'une allure légèrement saccadée, n'est possible que si le cheval s'équilibre sur la main du cavalier, comme le montre la branche du mors de bride. L'allure est spectaculaire mais elle n'est plus naturelle.

Après, chacun en pense ce qu'il veut, selon ses goûts et ses opinions, mais personne ne peut dire de bonne foi qu'il s'agit de la même équitation !

23 août 2012 ·

Il ne faut jamais oublier que le déséquilibre sur les épaules est pour le cheval, dans son milieu naturel, un mode de locomotion normal qui lui permet de se déplacer longtemps avec peu de dépense énergétique. L'exemple du galop naturel (traversé) est particulièrement éloquent : le cheval pousse d'un postérieur, bascule sur un diagonal, tombe sur un antérieur et se rattrape dans le temps de suspension, soit un temps d'effort suivi de trois temps d'utilisation quasi gratuite de cet effort.

Le cheval en liberté n'utilise ce que nous appelons l'impulsion ou le rassembler qu'à de rares occasions ; parade, combat, jeu, etc.

S'il en a le choix notre cheval cherchera donc naturellement à venir sur les épaules et en particulier à se diagonaliser en orientant la poussée d'un postérieur vers l'antérieur opposé. La rectitude est un impératif auquel nous ne devons jamais déroger.

24 août 2012 ·

La pédagogie traditionnelle présente à mon sens une erreur et quelques faiblesses concernant l'acquisition de la position du cavalier.

L'erreur est de présenter la position comme un élément indépendant des aides, alors que non seulement la position est une aide par elle-même mais qu'elle en outre la plus importante de toutes.

La première faiblesse est de laisser croire que la position académique est un préalable alors qu'elle ne peut être que l'aboutissement d'un long processus d'assouplissement et de décontraction.La deuxième est de présenter cette position comme adaptée à toutes les attitudes du cheval alors qu'elle ne correspond qu'à un cheval en main et même rassemblé.
La troisième, la plus importante, est de n'offrir aucune solution de remplacement aux débutants qui par leur âge, leur conformation ou leur état physique ne peuvent plus envisager les assouplissements nécessaires à son acquisition, mais qui n'en ont pas moins le droit d'espérer goûter aux plaisirs d'une équitation, simple et limitée sans doute, mais correcte.

La pédagogie moderne axée sur l'équilibre d'une position centrée se fixe le même objectif final, une position académique adaptée au rassembler, mais se propose de l'obtenir par des moyens différents plus conforme aux exigences d'une clientèle actuelle.

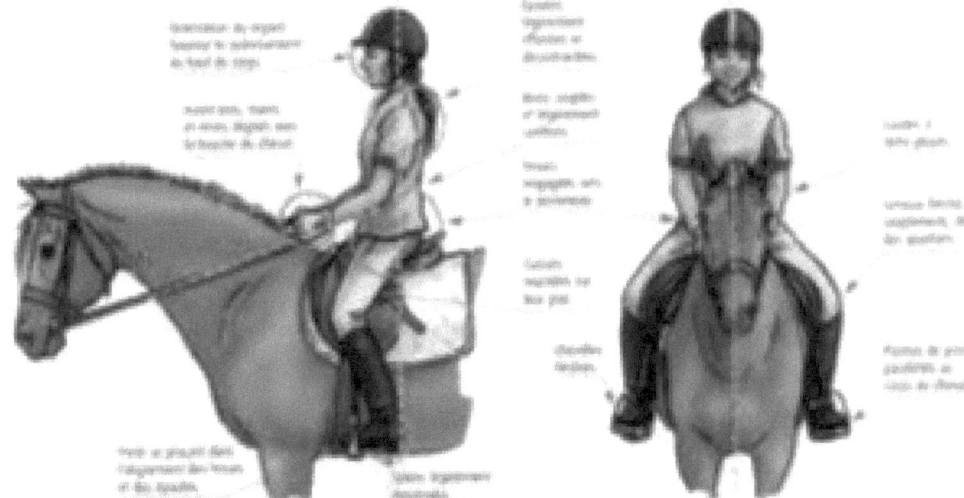

25 août 2012 ·

Le principe de la position centrée est de faire coïncider, en toutes circonstances, la ligne de gravité du cavalier et celle du cheval. Comment ? En positionnant d'abord la jambe et en laissant le reste du corps se répartir autour de cette ligne de gravité selon les possibilités gymnastiques du débutant, ensuite en rapprochant et en avançant l'assiette pour faire descendre la cuisse et, en dernier lieu en redressant le buste. En gros, et sans s'enfermer dans un schéma, l'évolution de la position passera du trot enlevé, et/ou de la suspension souple, à l'assiette légère puis à l'assiette profonde et enfin à la verticalité de la position académique.

L'avantage de cette approche moderne est que le cavalier, en équilibre dès le début, gêne peu le cheval qui peut donc se porter de lui-même. En outre, cette méthode n'abandonne personne en chemin ; si un débutant adulte, par exemple, n'a pas la souplesse requise pour dépasser le stade de l'assiette légère, il devra se contenter d'une équitation limitée sans doute mais correcte.

Les croquis sont copiés d'un blog d'Helga Muller où les différentes phases d'acquisition de la position sont décrites en détail

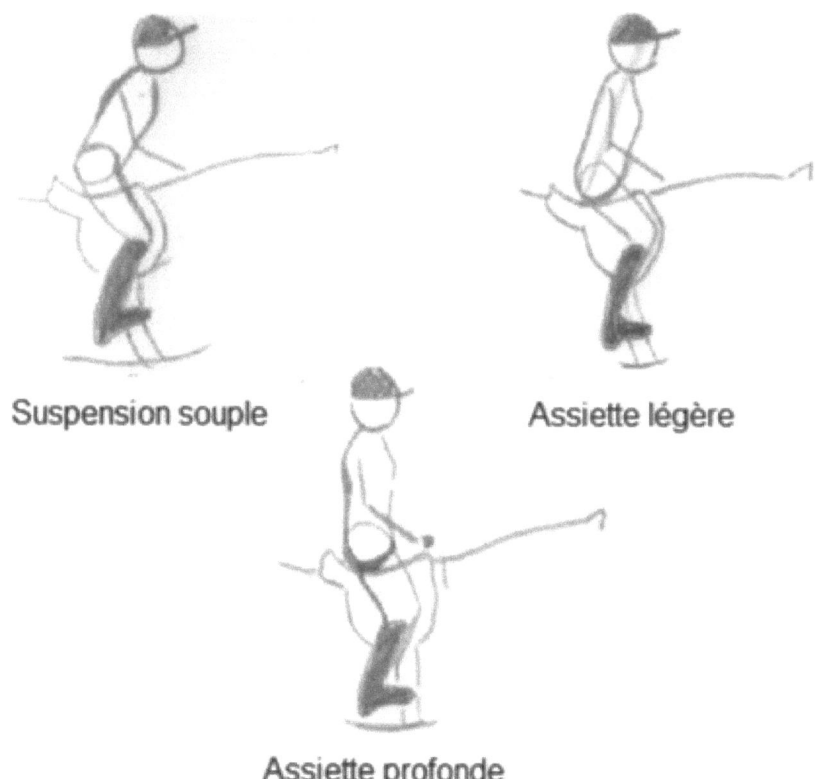

27 août 2012 ·

La consigne « Reculez vos épaules ! » souvent employée dans les transitions, les changements d'allures ou le reculer, n'est pas heureuse ; je lui préfère les termes « Redressez-vous ! » ou mieux encore « Grandissez-vous ! ».Dans les transitions, le cavalier doit se grandir, en tous cas dans un premier temps, comme si on le tirait vers le haut.Lorsqu'un cheval est déjà rassemblé avec le dos bien en place, le recul du buste du cavalier peut accentuer l'abaissement des hanches, mais lorsque le cheval est simplement en main, et à fortiori sur la main, ce recul entraîne le poids du buste derrière la ligne de gravité et provoque l'effet contraire ; le cheval contracte, ou même creuse, le dos et se désengage !

Le dos est toujours la pièce maitresse de la biomécanique du cheval. Avec des jeunes chevaux qui manquent de stabilité, il faut même parfois demander l'arrêt ou le reculer en avançant légèrement les épaules pour le dégager.

28 août 2012 ·

Dans tous les sports où l'homme est sur quelque chose (ski, cyclisme, patinage ... équitation), il doit concilier trois actions fondamentales ; avancer, s'équilibrer et tourner. Ces trois actions sont au départ contradictoires ; le débutant tombe quand il accélère ou qu'il tourne, ralentit excessivement quand il tourne ou qu'il s'équilibre, etc.L'objectif de l'apprentissage sera toujours d'harmoniser ces actions.

En équitation, nous parlons de mouvement en avant, d'équilibre et de rectitude.

L'apport essentiel de la pédagogie moderne est d'avoir montré qu'aucune de ces trois qualités n'avait la moindre valeur sans les autres.

Regardez un tabouret : si un des pieds est cassé, ou simplement plus court, ce tabouret n'a plus d'utilité ! Ce sera pareil avec notre cheval : qu'un des fondamentaux soit mauvais, ou simplement moins développé que les deux autres, et notre équitation n'est plus correcte !

La progression en équitation consiste à développer au maximum chacune de ces qualités mais sans jamais nuire aux autres.

29 août 2012 ·

La compréhension des fondamentaux nous montre qu'impulsion et mouvement en avant ne sont pas synonymes.

Le mouvement en avant est une condition nécessaire, mais certainement pas suffisante, de l'impulsion. Un manque de mouvement en avant provoque évidemment un manque d'impulsion, mais un excès aussi, car une propulsion excessive par rapport à l'équilibre entraîne la précipitation.

L'impulsion est la somme harmonieuse des fondamentaux ; elle existe donc à des niveaux différents.Le poulain de 4 ans, qui trace un cercle de 20m au trot dans une cadence lente et sur la main vers le bas, est dans une impulsion minimum mais correcte, puisque les fondamentaux sont élémentaires mais harmonieux, et le cheval dressé qui piaffe dans la légèreté est lui au maximum de son impulsion.Mais un cheval qui galope à 700m/minute n'est plus dans l'impulsion si son équilibre n'est plus en rapport avec son mouvement en avant.

La bonne question pour concrétiser l'impulsion est celle de la disponibilité ; le cheval est-il prêt à répondre en toutes circonstances à une demande nouvelle de son cavalier ?

30 août 2012 ·

C'est au Général Decarpentry que nous devons le slogan « Pas d'impulsion, pas de cheval » : un message juste, essentiel même, mais pas sans danger, car les cavaliers, et ils sont nombreux, qui le comprennent à tort comme « Pas de mouvement en avant, pas de cheval » se poussent un cheval au travers de la main et sur les épaules !

Il n'y a jamais rien de vraiment nouveau sous le soleil et François Baucher exprimait déjà, en quelque sorte, la nécessaire harmonie des fondamentaux en écrivant « L'équilibre doit s'obtenir sans altérer le mouvement en avant, le mouvement en avant tout en s'opérant ne doit porter aucune atteinte à l'équilibre».

Le jeune cheval ou le jeune cavalier ne doivent jamais être autorisés à produire plus de propulsion qu'ils ne peuvent en contrôler, mais, inversement, lorsque l'équilibre s'installe ils doivent augmenter le mouvement en avant qui se traduit alors, non par une accélération, mais par une amplification de la foulée.

C'est à mon sens autour de ce concept que s'organise la différence entre une équitation qui vise la légèreté et un dressage moderne, qui dans sa recherche obsessionnelle de la fixité de la tête, s'articule autour d'un appui.

<u>31 août 2012</u> ·

Nos voisins d'Outre-Rhin placent la soumission au premier rang des qualités de leur équitation. Quel vilain mot !

Que nous importe d'avoir un domestique obéissant alors que nous espérons trouver un compagnon prêt à livrer toutes ses forces pour partager notre plaisir ? Voyez comme la relation de confiance transparaît dans cette photo du Colonel Carde !

Quel peut bien être le l'intérêt de l'équitation dans une relation de maître à valet ? C'est vrai en dressage mais plus encore peut-être en obstacle et en cross : l'équitation est un sport d'équipe, on y gagne parfois avec son cheval mais jamais contre lui ! Alors recherchons chez le cheval le calme, l'attention, la concentration même, mais la soumission …à qui et pourquoi ?

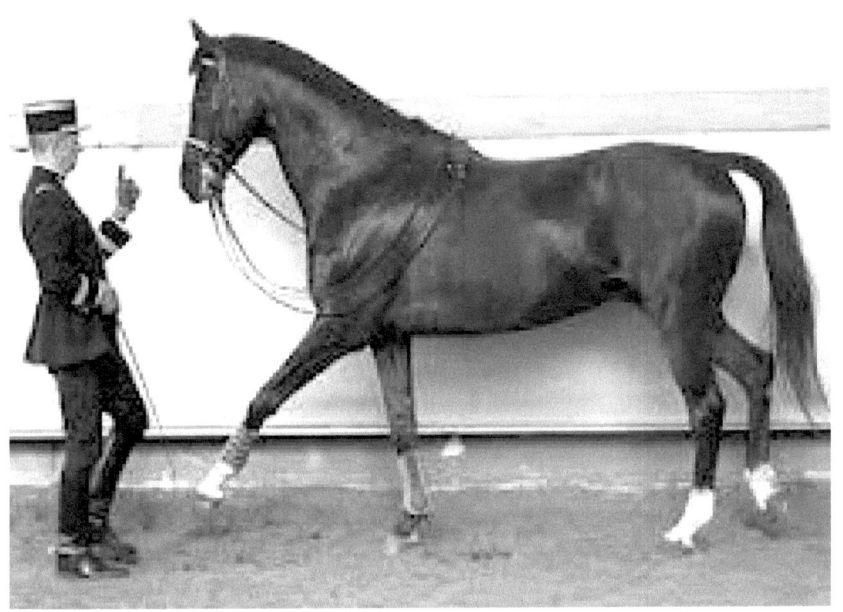

1 septembre 2012 ·

Le cheval apprend essentiellement par conditionnement et plus rarement par analogie. Pour établir, ou renforcer, ses conditionnements il est nécessaire que ses actions soient sanctionnées, positivement ou négativement, le plus souvent possible de manière à ce qu'il sache si ce qu'il vient de faire est « bien ou mal ».

Il faut que l'attention aux aides et l'obéissance soient récompensées par un sentiment de confort accru, et, inversement, que l'inattention aux aides ou le refus d'y répondre soient pénalisés par un sentiment d'inconfort.

La descente de main et de jambe est donc l'attitude normale d'un cavalier qui monte un cheval juste, comme le montre cette photo de Catherine Henriquet. Au contraire, l'effet d'ensemble est déjà une punition ; il devrait donc rester rare et surtout cesser sitôt que le cheval manifeste sa compréhension.

Une monte légère n'est pas seulement agréable et sympathique, elle est surtout efficace car le renforcement positif d'un conditionnement est beaucoup plus productif que la punition. Une monte lourde, avec un appui sur la main et des jambes harcelantes, abrutit le cheval puisqu'elle tend à le dominer sans lui laisser la possibilité de choisir lui-même de « bien » faire.

3 septembre 2012 ·

S'il fallait faire une synthèse extrême de l'équitation on pourrait se risquer à choisir deux propositions !

La première est biomécanique ; pour exécuter un mouvement il faut mettre le cheval dans une attitude préalable qui favorisera, ou même déterminera, ce mouvement. La seconde est comportementale ; les aides ne servent pas à faire obéir mais à faire comprendre.

Le cavalier doit se poser deux questions ; le cheval est-il prêt et a-t-il compris ? Si c'est le cas, il acceptera toujours. Les trois conditions nécessaires à l'action, dans quelque domaine que ce soit, seront réunies ; pouvoir, savoir et vouloir !

4 septembre 2012 ·

Que faut-il penser de l'éthologie équine lorsque certains ne jurent que par elle et que d'autres ne veulent pas en entendre parler ?

D'abord sans doute qu'il importe de la définir correctement : l'éthologie est la science qui étudie le comportement d'un être vivant dans son milieu naturel pour en déduire les interactions qu'il peut avoir avec ses congénères d'abord et avec des individus d'autres espèces ensuite.

L'éthologie équine est donc une branche de l'hippologie au même titre que, par exemple, l'anatomie ou la morphologie. Comme telle, elle doit influencer notre relation avec le cheval et notre manière de l'utiliser dans n'importe quelle discipline. On peut dire que l'éthologie est à l'élève cheval ce que la psychologie est à l'élève cavalier ; un moyen d'optimiser les apprentissages.

Par contre il y a une dérive certaine lorsque certains s'écartent de la rigueur scientifique de l'éthologie et tombent dans le piège de l'anthropomorphisme en prêtant au cheval des sentiments, des comportements ou des modes de communication qui ne sont pas dans sa nature. En bref, l'éthologie est un apport précieux à la pratique de l'équitation classique mais ne doit pas être présentée comme une alternative à cette équitation !

5 septembre 2012 ·

L'éthologie équine n'a pas commencé avec les «chuchoteurs»; au début du 18ième siècle La Guèrinière écrivait déjà; «La connaissance du naturel d'un cheval est un des premiers fondements de l'art de le monter, et tout homme de cheval en doit faire sa principale étude».

L'homme de cheval possédait cette connaissance ; elle faisait même partie de la culture commune aux époques où le cheval était au centre de la vie quotidienne. Elle a régressé au cours du 20ième siècle. Aujourd'hui la plupart des jeunes qui viennent à l'équitation n'ont plus la culture du cheval, ni même de l'animal en général.

On ne peut pas leur enseigner l'équitation sans les initier au minimum à cette culture ; je pense donc qu'une approche éthologique doit impérativement figurer dans le cursus de formation des jeunes moniteurs.

<u>6 septembre 2012</u> ·

Les exercices du travail de plat sont les moyens gymnastiques utilisés pour développer une capacité ou acquérir une fonctionnalité. La gamme des exercices est en quelque sorte une boîte à outils dans laquelle le moniteur choisit l'instrument le plus approprié à l'objectif qu'il s'est fixé.

C'est une erreur de concevoir l'exercice comme un but en soi, on finit toujours par ne plus s'intéresser qu'à la forme en oubliant l'objectif essentiel ; développer une ou plusieurs des qualités athlétiques que le cavalier utilisera ensuite dans les disciplines de son choix, y compris la haute école.

Du débourrage à la fin de l'équitation secondaire, on ne dresse pas le cheval pour qu'il fasse des exercices, on fait des exercices pour dresser le cheval !

7 septembre 2012 ·

En équitation, les mouvements compliqués sont simples à réaliser, ce sont les mouvements simples qui sont compliqués !

Ce paradoxe pour dire que lorsque les fondamentaux sont bien en place les seules limites au travail sont les capacités naturelles du cheval et la virtuosité du cavalier. Par contre, énormément de bons chevaux sont gâchés, parfois irrémédiablement, parce que le travail de base a été bâclé.

Il faut toujours revenir constamment aux fondamentaux, y compris avec des chevaux de haut niveau ; l'échauffement doit être, tous les jours, l'occasion de vérifier les bases.

8 septembre 2012 ·

Les exercices doivent toujours être enseignés progressivement, lentement, avec un effort faible et limité dans le temps, puis ensuite dans des allures plus vives et avec un effort plus important et prolongé.

« Demander souvent, se contenter de peu, récompenser beaucoup ». Cette citation est attribuée à Faverot de Kerbrecht et reprise par Beudant est probablement due à Baucher lui-même.

Il faut laisser au cheval le temps de comprendre un exercice et celui d'acquérir les moyens gymnastiques de l'exécuter. Forcer le cheval est toujours, à terme, une perte de temps car une capacité trop rapidement acquise n'est jamais durable parce que la mémoire musculaire (l'automatisme) n'a pas été sollicitée.

10 septembre 2012 ·

Dans l'exposé de sa 2ième méthode, BAUCHER disait : « Aujourd'hui je ne me sers plus que du simple bridon».

Je pense qu'un exercice qui ne peut pas être obtenu en simple filet ne devrait pas être demandé, car le socle des compétences sur lequel il devrait s'appuyer n'est pas acquis. Plutôt que de réessayer l'exercice avec des embouchures ou des enrênements compliqués, il faut revenir en arrière dans la progression et corriger les bases insuffisantes.

Bien sûr, sans le mors de bride il serait difficile, dans les reprises de haut niveau, d'obtenir le rollkür ou l'hyper extension des antérieurs. Nous sommes nombreux à penser que ce ne serait pas dommage !

11 septembre 2012 ·

Ramener le fait de bien ou de mal monter à une question de mentalité est trop réducteur. C'est plus une question de culture que de choix, et il faut insister sur la responsabilité de ceux qui encadrent les jeunes cavaliers, qu'ils soient enseignants ou parents.

Bien monter implique du travail, de la concentration et de la constance.
Ces qualités ne sont pas fréquentes chez les jeunes, c'est le moins qu'on puisse dire, il faut donc les convaincre d'accepter l'effort.Opposer l'amour du cheval à la gloriole, ou la douceur à la brutalité, sont des arguments justes mais mal adaptés à la mentalité des adolescents qui veulent tout et tout de suite.Il faut les convaincre, leur montrer et leur démontrer, que la bonne équitation est avant tout la plus efficace et, à moyen terme, la plus rapide !

L'équitation dans la légèreté est le plus sûr moyen d'obtenir des résultats durables dans quelque discipline que ce soit.C'est pour cela que j'ai choisi d'illustrer ce texte par une photo de Michel Robert qui est un bel exemple d'une équitation aussi correcte que performante !

12 septembre 2012 ·

Même les meilleurs enrênements ne fonctionnent que si la main est fixe et si le mouvement en avant est maintenu ; un cavalier novice n'est pas capable de remplir ces conditions, il faut lui interdire d'utiliser ces moyens artificiels.

Le paradoxe des enrênements est de pouvoir être utilisés que par des cavaliers assez confirmés qui ne les emploient donc que par impatience ou par fainéantise !

Pour un enseignant, permettre à ses jeunes cavaliers de s'en servir, c'est reconnaître son incapacité à régler leurs problèmes autrement.

14 septembre 2012 ·

L'enseignement de l'équitation répond bien entendu aux principes généraux de la pédagogie mais avec toutefois une spécificité particulière qui résulte de la présence du cheval. Dans chaque leçon, et à quelque niveau que ce soit, il y aura une triple action pédagogique : du moniteur vers le cavalier, du moniteur vers le cheval et du cavalier confirmé vers le jeune cheval ou, inversement, du cheval dressé vers le cavalier novice.

Garder à l'esprit cette triple action, et l'organiser, est probablement une des principales pierres de touche de la qualité d'un moniteur. Le cheval sera soit l'auxiliaire de l'enseignant lorsqu'on vise à faire acquérir une compétence par le cavalier, soit l'élève, et dans ce cas c'est le cavalier qui deviendra l'auxiliaire de l'enseignant. Cela implique que l'enseignant soit en empathie avec les deux, qu'il puisse les connaître et les comprendre, et communiquer avec chacun d'eux.

Mais il faut aussi respecter autant que possible le vieil adage « A jeune cheval vieux cavalier et à jeune cavalier vieux cheval ! », ce qui n'est pas toujours facile si les centres équestres ne disposent pas de chevaux d'école suffisamment dressés pour assurer l'apprentissage des cavaliers novices.

15 septembre 2012 ·

Je pense que le poney est une monture bien adaptée à l'initiation des enfants et des pré-adolescents. Il faut toutefois savoir que la transition poney/cheval est toujours délicate, d'autant plus qu'elle intervient à un moment où les jeunes connaissent souvent un pic de croissance et où ils ont des problèmes de proprioception.

D'expérience, ce n'est pas la taille des chevaux qui les déroutent mais l'amplitude des foulées : il est donc important de préparer cette transition en utilisant des poneys qui ont assez d'allures et d'action. Les poneys de type Shetland ne sont utiles que dans les classes « baby-poney » pour des enfants de 4 à 8 ans où l'objectif se limite en fait à une prise de contact.

La communication entre l'enseignant et le poney est plus importante encore qu'avec les chevaux, mais elle est plus facile ; le poney est incontestablement plus intelligent, plus curieux et plus à l'écoute. Au début, l'enfant est très passif et l'enseignant donne au poney la quasi-totalité des consignes, mais il doit progressivement prendre du recul et s'effacer pour laisser s'établir une relation directe entre le jeune cavalier et sa monture.

17 septembre 2012 ·

Dans l'apprentissage du cavalier, toutes les méthodes pédagogiques sont possibles en fonction des personnalités de l'élève et du moniteur, des objectifs et de l'environnement. Mais avec les chevaux c'est différent ; la seule méthode possible est la pédagogie de la réussite qui récompense chaque effort.

La progressivité dans les exigences est une règle essentielle. Un cheval bien dressé, dans n'importe quelle discipline, ne devrait même pas savoir que la faute existe ! C'est un idéal impossible à atteindre mais dont il faut essayer de se rapprocher.

Dans la photo choisie comme illustration, il est clair que personne ne pourrait forcer un cheval à sauter un piquet : Il doit prendre lui-même la décision de le faire parce qu'il y a été préparé progressivement et sans contrainte. Les cavaliers de complet connaissaient bien cela dans le saut des étroits et des directionnels.

Toutes les fautes, tous les échecs et à fortiori toutes les batailles, même quand elles sont gagnées par le cavalier, amoindrissent la valeur du cheval. Être modeste dans ses exigences et méticuleux dans ses progressions est le meilleur moyen d'aller loin et vite !

18 septembre 2012 ·

En pédagogie il y a trois sources d'erreur qui correspondent à la trilogie « savoir, pouvoir, vouloir ». L'élève exécute mal, un exercice parce qu'il n'a pas compris les consignes ou qu'il n'a pas les connaissances nécessaires, parce qu'il n'a pas la capacité physique de le faire (force, souplesse, agilité, etc.) ou parce qu'il n'en a pas la volonté (manque de motivation ou d'attention, énervement ou appréhension).

Évaluer les causes d'un échec est essentiel ; il serait inutile, par exemple, de répéter les consignes alors que le problème vient d'un manque de force.

En équitation l'enseignant doit, en outre, gérer un couple cheval/cavalier et les causes d'erreur sont souvent croisées (par exemple, le cavalier n'a pas compris et le cheval est énervé), il doit donc définir l'ordre dans lequel ces problèmes différents seront résolus.

Il faudra toujours, et par priorité, rétablir l'équilibre, et le calme qui en résulte, avant de corriger les autres fautes, car sans cela ni le cavalier ni le cheval ne seraient réceptifs aux interventions du moniteur.

19 septembre 2012 ·

Nous sommes loin de l'enseignement magistral du milieu du siècle dernier quand l'instructeur disait : « Faites ce que je dis, vous comprendrez pourquoi dans une vingtaine d'années quand vous commencerez à savoir monter à cheval ! »

Le moniteur d'aujourd'hui doit conserver toute son autorité, ne serait-ce que pour des raisons de sécurité pour le cheval et le cavalier, mais l'élève doit être aussi acteur de sa propre formation. Pour cela il doit savoir ce qu'il fait, ainsi que pourquoi et comment il le fait.

Le moniteur doit lui donner des repères qui lui permettent de juger son propre travail. Ces critères d'évaluation doivent être adaptés au niveau de l'élève. Ils doivent être aussi objectifs, et même mesurables, que possible. En finalité, le moniteur reste toutefois la meilleure source d'appréciation ; ses paroles, sa gestuelle, son regard doivent renseigner l'élève, le plus souvent possible, sur la qualité du mouvement qu'il vient d'effectuer.

<u>20 septembre 2012</u> ·

Un bon critère d'évaluation doit, d'une part, être pertinent, c'est-à-dire apporter réellement la preuve que l'exercice a été bien ou mal exécuté, et, d'autre part, être compréhensible par l'élève en fonction de son âge et de son niveau de compétence. Il ne suffit pas que le moniteur ait les moyens d'apprécier lui-même un exercice, c'est le moins qu'on puisse attendre, mais il faut en outre qu'il donne à l'élève les moyens de s'autoévaluer, ou au moins de comprendre et d'admettre le jugement de son professeur.

Établir des critères d'évaluation à l'obstacle est assez facile. Outre que la barre renversée, le refus ou le dérobé, sont indiscutables, le moniteur pourra donner des références objectives comme le nombre de mètres ou de foulées dans une ligne, les points de passage qui concrétiseront un tracé, la hauteur des obstacles, le chronomètre, etc. Ces éléments permettront de justifier l'appréciation, bonne ou mauvaise, émise par l'enseignant dans les cours élémentaires et moyens.
À un stade plus avancé, il devra faire référence à des notions plus subjectives comme la cadence, la dynamique du saut, le geste du cheval, l'équilibrage, etc.

21 septembre 2012 ·

En dressage, le meilleur critère d'évaluation est bien sûr le sentiment que le cavalier éprouve par l'intermédiaire de son assiette et de sa main, mais pour cela il doit avoir acquis un tact équestre qui implique une certaine maturité.

Pour un cavalier plus novice, les notions de cadence, de tension, de mouvement en avant, de rectitude ou d'équilibre restent subjectives. Le moniteur doit donc fournir des éléments plus concrets que l'élève puisse voir, comme les points de repère géométriques ou le basculement de la nuque, sentir comme la sensation d'être déporté d'un côté ou la tension égale sur les deux rênes, ou constater comme la réaction du cheval dans une transition ou un enchainement.

Sur la photo, l'élève peut voir que la nuque bascule à gauche et sentir que le cheval tombe sur l'épaule gauche ; le moniteur peut alors lui expliquer que cette attitude fautive est le résultat de la traction exercée sur la rêne droite.

L'art ne peut que se ressentir, mais la technique doit pouvoir s'expliquer et se comprendre ; pour être efficace une appréciation doit s'accompagner d'une explication et d'une proposition de remédiation.

22 septembre 2012 ·

Le positionnement du moniteur, dans le manège ou la carrière, n'est pas indifférent, surtout dans les cours d'obstacle et de cross. Simplement par la place qu'il occupe, il peut, par exemple, faciliter un tracé ou empêcher un dérobé, calmer ou stimuler le cheval, éveiller l'attention du cavalier ou le décontracter.

Lorsque les chevaux ont un bon contact avec le moniteur, sa présence à côté d'un obstacle les rassure en général. Certains par contre s'en effrayent, parfois parce qu'ils ont été barrés auparavant ou simplement parce qu'ils sont plus ombrageux. Le moniteur doit donc avoir le tact de choisir sa place, je dirai même parfois au mètre près, en fonction du caractère de chaque cheval.

A l'inverse, le moniteur doit pouvoir s'effacer, pendant la vérification d'un acquis par exemple, pour ne pas influencer le cheval et le laisser répondre aux seules demandes du cavalier.

24 septembre 2012 ·

Lorsqu'on parle d'équilibre en équitation, on fait référence à un équilibre dynamique et non statique, ce qui veut dire que cet équilibre est global sur l'ensemble d'un mouvement.

Le jeu des postérieurs est une succession d'engagement et de détente, celui des antérieurs une succession d'extension et de traction, et donc la locomotion dans toutes les allures est une succession de perte et de reprise d'équilibre. Cette succession est à peine perceptible au trot, sensible au pas et assez marquée au galop. On pourrait faire une exception pour le piaffer quoiqu'on puisse parler dans ce cas d'une succession de perte et de reprise d'équilibre latérales.

De la même façon, le dos, qui fonctionne comme une lame de ressort, ne pourrait pas se maintenir dans une attitude figée ; quand on parle d'élévation de la base de l'encolure, ou au contraire de dos creux, d'abaissement de hanche ou de désengagement des postérieurs, on évoque une posture prédominante dans le cycle de la foulée.

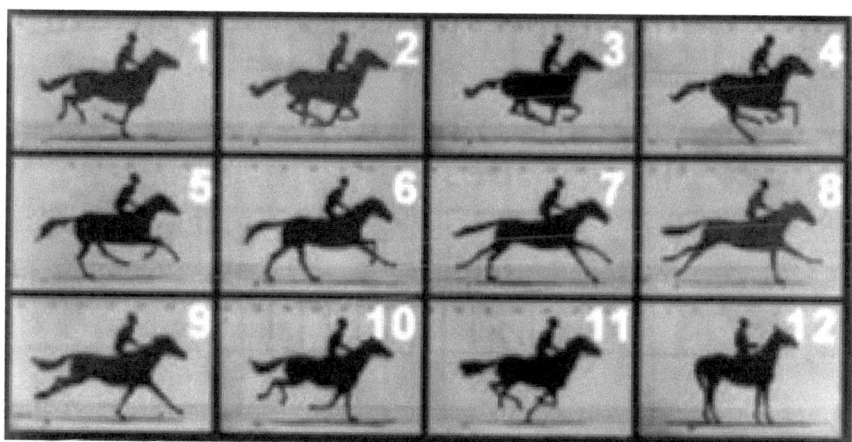

25 septembre 2012 ·

Une résistance devant vient soit d'une faute de main, soit d'un appui du cheval, provoqué par une faute de rectitude ou d'équilibre.

Pour que le cheval élève sa base d'encolure et donne son dos, il faut que la force propulsive engendrée par l'arrière-main soit supérieure à la résistance devant. N'importe quel mathématicien qui n'a jamais vu un cheval de sa vie vous dirait que si la résistance est nulle, la force propulsive, aussi faible soit-elle, lui est largement supérieure !

Donc, lorsqu'un cheval se porte de lui-même, c'est-à-dire droit et en équilibre avec un cavalier centré, la descente de main fait monter la base de l'encolure et libère l'impulsion. Il faut du tact pour obtenir cela, mais c'est facile à comprendre !

Le problème n'est pas la légèreté elle-même mais l'équilibre de l'ensemble cheval/cavalier dont elle découle. C'est en ce sens qu'on peut dire que la légèreté n'est pas un aboutissement mais un point de départ car dès que le jeune cheval a acquis un équilibre de base dans la mise sur la main il est capable de légèreté !

26 septembre 2012 ·

Je n'aime pas trop la proposition qui veut que le cheval monté porte plus de poids sur l'avant-main que sur l'arrière-main car elle n'est exacte que dans une attitude naturelle avec un affaissement de la base de l'encolure et donc un appui sur la main.

Sitôt que le cheval commence à élever sa base d'encolure et à donner son dos il se rééquilibre pour atteindre rapidement, dans la mise sur la main et la légèreté, une répartition égale de sa masse entre l'avant et l'arrière-main (sur les quatre membres au pas et au trot, et sur les deux bipèdes au galop). Cette répartition sera d'ailleurs le meilleur critère d'évaluation dans toute la basse école !

Ensuite, dans certains exercices de haute école mais pas dans tous, la masse sera d'avantage portée par les postérieurs ; c'est le cas, par exemple dans les voltes autour des hanches et les pirouettes. Ce report progressif de la charge vers l'arrière-main est bien illustré par la levade où bien évidemment les postérieurs portent la totalité de la masse.
(Remarquez aussi que la position du cavalier est rigoureusement centrée sur la ligne de gravité du cheval).

27 septembre 2012 ·

La position académique, telle qu'elle est enseignée depuis La Guérinière, est incontestablement la mieux adaptée au cheval rassemblé et constitue la voie d'accès incontournable vers la haute école. Mais comme toujours il ne faut pas confondre le but et les moyens ; la position n'est pas un but en soi, mais le moyen de se lier au mouvement, de communiquer avec le cheval et de l'aider dans ses déplacements.

Le plan de formation du cheval, tel qu'il était conçu dans l'équitation classique au milieu du 20ième siècle, s'appuyait sur une proposition fausse qui voulait que la position du cavalier soit indépendante de l'attitude du cheval.Lorsqu'un cheval est hors de la main, parce qu'il est jeune ou qu'il a été mal dressé, sa ligne de gravité est au niveau du garrot et celle du cavalier en position académique était forcément plus en arrière, ce qui contractait le dos et empêchait le cheval de venir sur la main.La seule solution proposée était de faire reculer la ligne de gravité du cheval en le poussant sur une main fermée ; d'où la priorité absolue accordée au mouvement en avant, seul capable de compenser l'appui.
C'était de l'effet d'ensemble et du bauchérisme de la première manière visant à « détruire les forces instinctives du cheval pour leur substituer les forces transmises par le cavalier ». Dans cette conception, la légèreté était, au mieux, un aboutissement qui ne pouvait intervenir que dans un rassembler confirmé. En clair, on mettait un temps considérable à faire relâcher un appui que le cavalier avait lui-même créé pendant le débourrage par sa position « classique » !

L'approche moderne est basée sur une position centrée plus largement définie comme l'attitude qui permet en toutes circonstances de faire coïncider les lignes de gravité du cavalier et du cheval. Elle vise à atteindre le même résultat mais dans une progressivité liée aux différents stades de l'équilibrage ; elle part de la suspension souple puis passe par l'assiette légère et le redressement progressif du buste pour arriver à la position académique au début du rassembler.

La position n'est plus définie par sa forme, mais par l'efficacité de son action sur l'équilibre du couple cheval/cavalier, et la légèreté devient possible sitôt que cet équilibre, même élémentaire, est atteint.

<u>28 septembre 2012</u> ·

Obtenir la mise sur la main est assez simple ; ne pas laisser le jeune cheval précipiter en se poussant plus qu'il ne se porte, se placer au-dessus de sa ligne de gravité en position avancée, et l'incurver pour inciter le postérieur interne à venir s'engager sous la masse.

Avoir la mise sur la main c'est tenir le bout de la pelote de ficelle ; il suffit ensuite de la dévider, en engageant progressivement les postérieurs, pour passer de cette mise sur la main au rassembler ; ce qui peut, bien sûr, prendre un certain temps en fonction des qualités du cavalier et du cheval !

Mais le début demande un cavalier attentif et précis. Lorsque le jeune cheval donne la mise sur la main sa ligne de gravité recule légèrement. Si le cavalier reste en position avancée il va, dans un premier temps, inciter le cheval à se porter plus qu'il ne se pousse, pour compenser ce léger porte-à-faux ; la base de l'encolure va remonter encore en donnant au cavalier une impression de confort et de facilité. Mais puisque le cheval ne se pousse pas assez, il va, dans un deuxième temps, passer derrière la main et s'encapuchonner.

Pour éviter cela, le cavalier doit se redresser et augmenter l'amplitude de la foulée quand le cheval vient sur la main, et au fur et à mesure de son équilibrage. On en revient toujours, à mon sens, aux critères d'évaluation fondamentaux de la basse école ; une position centrée sur la ligne de gravité du cheval, une répartition égale de la masse cheval/cavalier sur l'avant et l'arrière-main en toutes circonstances et un mouvement en avant franc mais contrôlé.

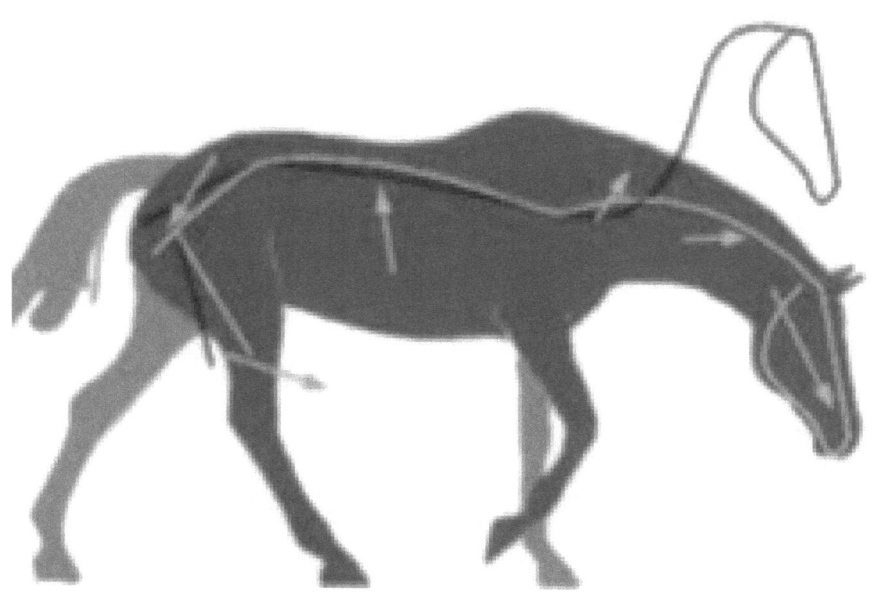

29 septembre 2012 ·

Denis Soyer a posté une citation de Gustav Steinbrecht : « Tous les exercices d'entraînement se succèdent de telle sorte que l'exercice précédent constitue toujours une base sûre pour le prochain.» Elle rejoint ce qu'on appelle en pédagogie les prérequis, c'est-à-dire le socle des compétences (savoir et savoir-faire) que le cavalier et/ou le cheval doivent posséder pour aborder un nouvel apprentissage avec des chances raisonnables de succès.

La toute grande majorité des échecs pédagogiques vient d'une mauvaise identification, ou d'une mauvaise évaluation, des prérequis. Le moniteur doit identifier les prérequis (Que doit savoir faire son élève pour aborder le nouvel exercice ?) et il doit aussi l'évaluer. S'il attend que les prérequis soient parfaits pour aller plus loin, il ne fera jamais rien ! Il doit donc définir le niveau d'intégration des apprentissages précédents en-deca duquel sa leçon serait compromise.

Il doit enfin vérifier ces prérequis au début de la séance, pendant l'échauffement ou dans les exercices préparatoires.

1 octobre 2012 ·

La cadence se caractérise par la régularité de la succession des foulées. C'est une qualité importante et en même temps un excellent critère d'évaluation puisque n'importe quelle faute dans un des fondamentaux se traduira immédiatement par une rupture de cadence. Le cavalier doit donc avoir un métronome dans la tête !

Le choix de la cadence est déjà une aide ! En dressage, une cadence lente favorisera l'amplitude du geste, la flexion des angles articulaires et le soutien de la masse, tandis qu'une cadence plus soutenue favorisera la détente et la propulsion. A l'obstacle, la cadence déterminera la part plus ou moins importante de l'énergie cinétique (produite par la vitesse) ; trop lente, elle exigera du cheval un effort musculaire trop important, et trop rapide, elle nuira à la coordination des gestes.

Chaque cheval possède toutefois sa propre cadence ; celle dans laquelle il est le plus à l'aise pour exprimer ses potentialités. Pour essayer de faire comprendre cette nuance, on pourra parler de « cadence » pour désigner une allure simplement régulière, et de « rythme » pour désigner la cadence la mieux appropriée au cheval et à l'exercice.

2 octobre 2012 ·

Les consignes et les explications données par le moniteur doivent être claires et convaincantes.

Lorsque je dis, par exemple, que le cheval doit toujours être placé ou incurvé dans le sens de son déplacement, sauf dans l'épaule en dedans et le pas de côté, ma proposition est exacte mais elle n'est pas convaincante ; l'élève peut se demander ce que signifie une vérité qui n'est pas toujours vraie !

Cependant, si je dis que le cheval doit toujours être placé ou incurvé du côté du postérieur qui s'engage le plus, ou, de manière plus laconique, qu'il doit toujours regarder venir sa hanche, ma proposition est encore exacte, mais elle aussi est plus convaincante car elle ne compte aucune exception !

Le moniteur doit améliorer sans cesse la qualité de son message qui, pour être efficace, doit être complet mais concis, percutant et imagé, et surtout adapté à la maturité et à la culture équestre de l'élève. Une vérité confuse peut être une source d'erreur et le meilleur cavalier du monde, s'il n'est pas compris par ses cavaliers, n'est qu'un médiocre professeur.

<u>3 octobre 2012</u> ·

L'essentiel de l'aspect biomécanique de l'équitation réside dans la structure du segment cervical du rachis.Il est disposé en «S» en deux courbures ; la supérieure correspond à la nuque et l'inférieure à la base de l'encolure.Ces courbures sont inverses et solidaires, ce qui signifie que lorsqu'une des deux augmente sa concavité l'autre diminue nécessairement la sienne.

La structure du squelette détermine les relations entre les principaux groupes musculaires, de telle sorte qu'il y a une corrélation incontournable entre, d'une part, élévation de la base de l'encolure, avance de la nuque, voussure du dos/rein et engagement des postérieurs, ou, au contraire, affaissement de la base de l'encolure, recul de la nuque, creusement du dos/rein et désengagement des postérieurs.
La modification d'un des éléments entraîne par continuité la modification des autres.C'est important pour la compréhension du mécanisme de la mise en main.

Comme la base de l'encolure est la partie du cheval qui reste la plus stable dans le cycle de la foulée, c'est son relèvement qui sera la clé de voûte de la mise en place du cheval.

<u>4 octobre 2012</u> ·

Le terme « ramener » qui laisse croire au cavalier qu'il est possible de mettre le cheval en main en lui « ramenant » la bouche en dessous de la nuque est une expression inadéquate et dangereuse qui devrait être bannie du vocabulaire équestre.

La mise en main ne peut être obtenue que d'arrière en avant ; on dit qu'elle est « un cadeau des hanches » ! C'est l'action de l'arrière-main, au travers du dos et de la base d'encolure relevée, qui pousse la nuque au-dessus de la bouche.

La main peut décontracter, céder en s'avançant ou résister en se relevant, mais elle ne peut jamais reculer ; c'est le testament de Baucher qui en fermant la main de L'Hotte lui disait « ça ! » puis en lui reculant la main « jamais ça ! ».

5 octobre 2012 ·

Tirer sur les rênes pour ralentir le cheval équivaut pour le passager d'une voiture qui va trop vite à appuyer sur le plancher à la place d'une pédale de frein inexistante ; c'est un réflexe idiot mais auquel personne n'échappe.

La main n'est pas un frein, ce n'est que le point d'appui du système de freinage. C'est un simple problème de levier. Si la main est le point de force du levier, le cheval ne cédera pas facilement puisqu'il est capable d'opposer une résistance nettement supérieure à la force. Si la main est le point d'appui du levier, le cheval cédera sitôt que la force exercée par sa propre propulsion devient plus importante que sa résistance.

Le cheval au naturel est capable de se figer brusquement sur les antérieurs, au prix d'un affaissement de sa base de l'encolure et d'un important déséquilibre, mais lorsqu'il veut simplement ralentir ou s'arrêter, il le fait en abaissant ses hanches. La nature nous a joué un sale tour en construisant le cheval avec un frein arrière, ce qui rend toute traction de notre part inutile et même contre productive !

6 octobre 2012 ·

Le demi-arrêt est une action qui n'a pas toujours bonne réputation, parce qu'il évoque pour certains une idée de rudesse, voire de brutalité, alors qu'il faut le comprendre très littéralement comme la moitié d'un arrêt. C'est une résistance suivie immédiatement d'une cession. On donne au cheval le message « On arrête ! » suivi immédiatement du contre ordre « J'ai changé d'avis, on continue ! »

Son objectif est un reflux de la masse vers l'arrière-main, suivi immédiatement d'une incitation du cheval à se porter de lui-même.

Deux choses sont importantes dans son exécution. La première est l'orientation de la résistance : comme le montre très bien le dessin de Philippe Karl, une résistance orientée vers l'arrière va provoquer une descente de la base de l'encolure et un désengagement des postérieurs, alors qu'une résistance orientée vers le haut provoquera au contraire une élévation de la base de l'encolure et un abaissement de l'arrière-main. La deuxième chose est la descente de main qui doit suivre immédiatement la résistance, et qui donnera au demi arrêt toute son efficacité. La Guérinière décrivait déjà cette action dans le paragraphe consacré à la descente de main.

On peut utiliser une image assez parlante. Le cavalier est dans un escalier avec un pavé posé devant lui sur une marche, il prend le pavé, le soulève et le dépose sur la marche au-dessus ; une résistance vers le haut suivie d'une cession vers l'avant !

Le demi-arrêt aide le cheval à se rééquilibrer ; il peut aussi servir simplement à attirer l'attention du cheval et à préparer une transition ou un nouvel exercice.

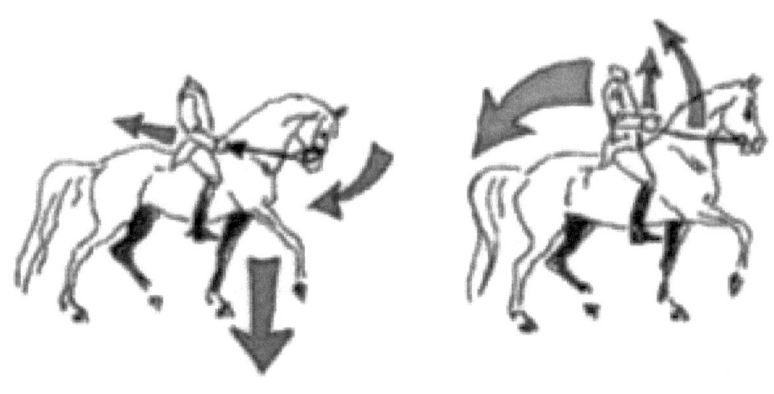

Effets du recul de la main Effets de l'élévation de la main
d'après Philippe Karl

8 octobre 2012 ·

L'attitude dans laquelle le cheval monté peut être en équilibre, et donc léger, évolue avec le niveau de son dressage.

Le jeune cheval au débourrage, qui engage peu, ne sera léger que dans la mise sur la main avec une extension d'encolure, plus ou moins vers l'avant, ou vers le bas, selon son modèle. Le cheval dressé, qui abaisse fort ses hanches, restera léger dans une mise en main relevée. Entre les deux attitudes extrêmes, chaque degré d'engagement devra correspondre à un degré de relèvement.

Il faut trouver à chaque niveau l'attitude du bout de devant qui permettra au groupe tête/encolure de jouer son rôle de balancier pour équilibrer la poussée du bout de derrière, de telle sorte que la répartition de l'ensemble de la masse se fasse également sur les deux bipèdes.
Le cavalier, centré sur la ligne de gravité est le fléau d'une balance dont ces deux bipèdes sont les plateaux, éloignés dans la base longue du jeune cheval et rapprochés dans celle courte du cheval dressé. Le

balancier s'adapte en s'éloignant de la ligne de gravité, par extension d'encolure, dans la base longue, ou inversement en s'en rapprochant, par relèvement, dans la base courte.

Mais qui peut le plus doit pouvoir le moins ! Le cheval rassemblé dans une mise en main haute doit être capable de revenir à une mise en main plus simple. L'extension d'encolure est une récompense, mais aussi un critère d'évaluation. Le cheval qui a travaillé correctement apprécie de pouvoir étirer sa musculature ; s'il n'en éprouve pas le besoin, il y a du souci à se faire sur la qualité de son travail !

9 octobre 2012 ·

Une des choses les plus importantes que peuvent nous apprendre les autres disciplines sportives est le soin apporté à la préparation des séances de travail, qui va beaucoup plus loin que la simple « détente » souvent pratiquée en équitation.

Le cheval est un athlète comme les autres et sa préparation à l'effort doit comporter trois phases ; un échauffement musculaire, des assouplissements systématiques et une révision des bases qui seront nécessaires pour réaliser les exercices envisagés dans la suite de la séance.

L'échauffement musculaire doit se faire dans une cadence lente et sur une encolure libre. Il faut y consacrer le temps nécessaire ; 4 ou 5 minutes pour un jeune cheval, mais parfois beaucoup plus pour un cheval d'âge avec un peu d'usure. C'est le cheval lui-même qui indiquera que le but est atteint en déliant ses allures. Par temps frais ou froid, il y a tout intérêt à réaliser cet échauffement avec un couvre-rein ou une couverture.

Les assouplissements doivent être progressifs et symétriques. Il ne faut jamais perdre de vue qu'un muscle ne peut s'assouplir qu'en élongation, et jamais en contraction, ni, bien évidemment, que les assouplissements latéraux doivent toujours précéder les assouplissements longitudinaux.

Il faut enfin revoir toutes les bases du cheval et en particulier les prérequis des exercices qu'on envisage de travailler pendant le reste de la séance.

Tout cela doit prendre du temps, et il est difficile d'envisager de pouvoir travailler l'objectif du jour avant 20 ou 30 minutes de préparation !

<u>10 octobre 2012</u> ·

S'il fallait vérifier une par une toutes les compétences préalables nécessaires à l'exécution d'un nouvel exercice, cela prendrait trop de temps sur le timing de la séance de travail. L'enseignant utilisera donc des exercices standards.

En pédagogie, on désigne comme « standard » un exercice qui regroupe un certain nombre de compétences, de telle sorte que, s'il est bien exécuté, l'enseignant puisse estimer que chacune de ces compétences est acquise. Si l'exercice standard est mal exécuté, il faut évidemment prendre le temps de vérifier chacune des compétences qui le composent et corriger celle qui serait déficiente.

Si, par exemple, le cheval exécute correctement, aux deux mains, une épaule en dedans terminée par un léger allongement sur un cercle d'une douzaine de mètres on peut estimer qu'il est capable de s'incurver des deux côtés, de céder à la jambe intérieure, de s'engager sur une foulée de travail en soutenant sa mise en main, puis de s'étendre sur une foulée moyenne avec une légère extension d'encolure.Avec ces prérequis, vérifiés en quelques minutes, il est possible d'aborder raisonnablement un travail sur un parcours d'obstacles de 90cm/1m, en considérant que les compétences sur le plat sont suffisantes.

Le moniteur doit se constituer un répertoire d'exercices standards adaptés aux différents thèmes qu'il veut enseigner, pour juger rapidement des prérequis nécessaires. La transition galop/pas résume tous les assouplissements longitudinaux, l'appuyer résume les exercices de 2 pistes de base, etc.

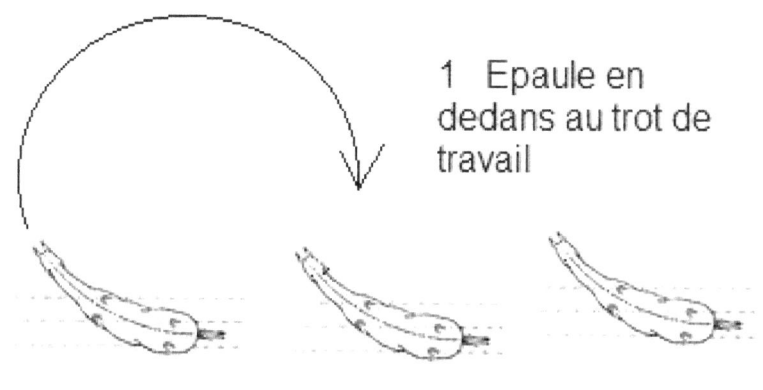

11 octobre 2012 ·

La différence essentielle entre la cession à la jambe (pas de côté) et l'épaule en dedans réside dans la répartition des charges ; dans l'épaule en dedans la masse est orientée vers le postérieur intérieur à l'incurvation, tandis que dans la cession à la jambe elle l'est vers le latéral extérieur.

Avec une incurvation sans charge, la cession à la jambe peut être employée comme un exercice d'assouplissement élémentaire mais n'a pas d'utilité comme exercice de musculation.On peut y avoir recours lorsqu'un jeune cheval est fortement asymétrique.Si, par exemple, il est convexe à droite et qu'il tombe sur l'épaule droite, on pourra le mettre en pas de côté vers la gauche, de préférence au départ d'un cercle, de manière à mettre la musculature du côté gauche en élongation sans imposer au postérieur droit une charge trop importante.

Si le jeune cheval a une souplesse naturelle suffisante et un bon équilibre, cette étape ne sera pas nécessaire ; on pourra passer directement au placé droit fléchi (épaule devant) et à l'épaule en dedans.

Avec un cheval plus avancé dans son dressage, la cession à la jambe ne présente pas d'intérêt, sauf de travailler spécifiquement des adducteurs.

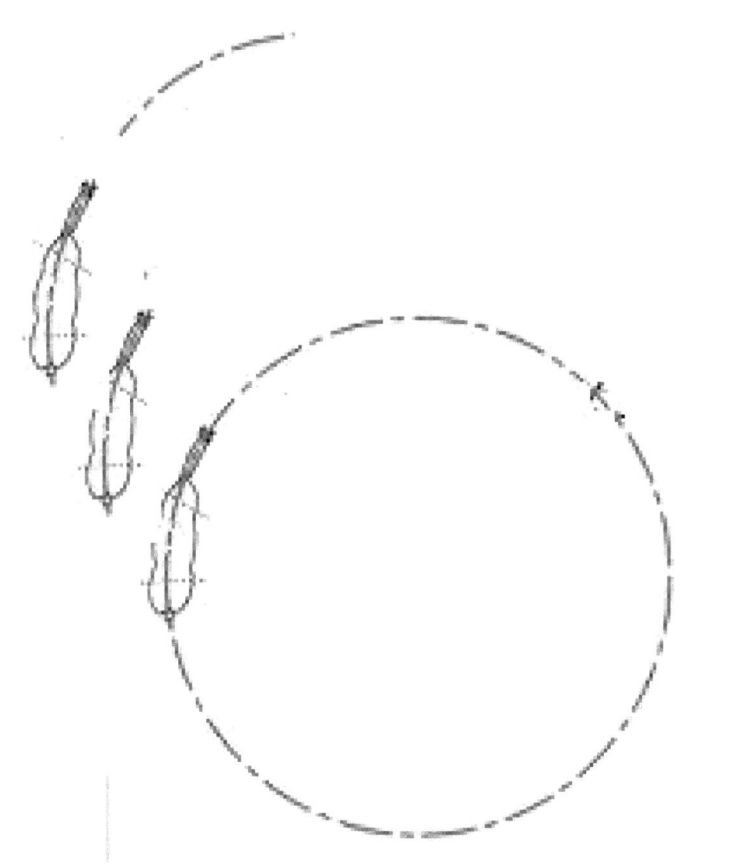

Pas de côté au départ du cercle

12 octobre 2012 ·

Les commentaires concernant la différence entre cession à la jambe et épaule en dedans m'amènent à insister sur le fait qu'un mouvement du cheval ne peut être évalué uniquement dans le plan, comme un dessin sur une feuille de papier qui ne tiendrait compte que de la longueur et de la largeur.
Il doit être évalué dans l'espace en tenant compte de la troisième dimension, la hauteur !

La disposition de la masse par rapport à la verticale est correcte lorsque son poids se répartit également sur les 4 membres.
Elle est incorrecte lorsqu'il se porte plus sur 1 ou 2 membres que sur les autres.

Dans les tournants aux allures lentes la disposition est correcte lorsque le plan médian du cheval est perpendiculaire au sol.
Dans les tournants aux allures rapides, le plan médian s'incline vers l'intérieur dans la proportion qui permet de résister à la force centrifuge.

Par rapport à l'horizontale, on parlera de cheval droit, incurvé, traversé ou les deux bouts en dedans, de pli ou de contre-pli, d'épaule en dedans, de hanche en dedans ou en dehors, etc.
Par rapport à la verticale, vu de profil, on parlera de cheval en équilibre, sur les épaules ou acculé, et vu de face ou de dos, de cheval en équilibre, qui se couche ou qui se dérobe, etc.

Dans le plan, les 3 schémas A, B et C seraient représentés par la même courbure D, alors que dessinés dans l'espace le A est d'aplomb, le B penche à gauche et de C penche à droite.
L'incurvation du cheval doit donc être estimée en tenant compte de son équilibre vertical !

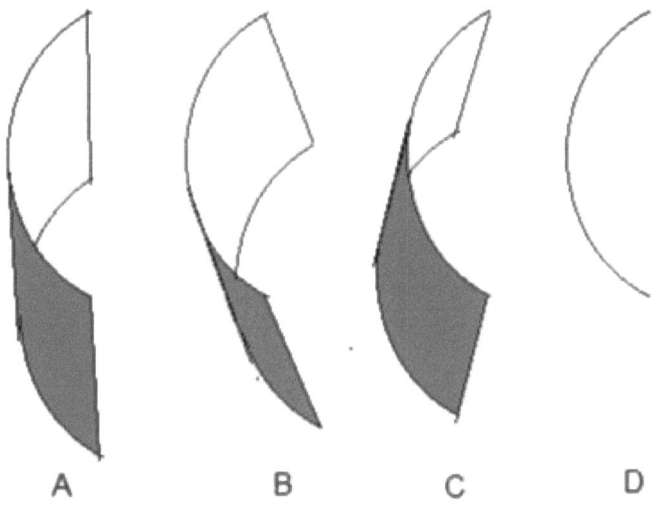

A   B   C   D

13 octobre 2012 ·

La notion du cheval dans le plan vertical permet de mieux comprendre qu'un cheval se dérobe toujours de l'épaule. Lorsqu'il fait un écart, il continue à regarder vers ce qui l'effraye mais se jette sur l'épaule extérieure et bascule. Cela lui d'autant plus facile que c'est ainsi qu'il effectue naturellement un tourner rapide.

Le cavalier réagit souvent en tirant sur la rêne intérieure ce qui augmente encore le déséquilibre ; pour prévenir ou corriger un écart ou une dérobade vers la droite, il faut contrôler l'épaule droite par le placé droit fléchi ou l'épaule droite en dedans.

Sur la photo de cette dérobade à droite, le cheval est incurvé à gauche et se couche sur l'épaule droite. Le mouvement vient s'ajouter à la force centrifuge et le cheval est en nette rupture d'équilibre, aggravée encore par la mauvaise réaction du cavalier qui tire sur la rêne intérieure.
A ce stade-là le cavalier ne peut plus contrôler la masse et la dérobade est inévitable !

15 octobre 2012 ·

Savoir si l'épaule en dedans se pratique sur 3 ou 4 pistes, ou dans un angle de 30, 35 ou 40 degrés, est un faux débat.

Les trois photos sont prises exactement au même moment de la foulée, juste avant le poser du diagonal gauche. Elles montrent toutes une bonne épaule en dedans, mais dans des angles croissants de gauche à droite !

Si ces trois épaules en dedans sont bonnes, alors qu'elles se font dans des angles différents, c'est parce que le niveau de rassembler, et donc d'équilibrage, varie dans la même proportion que les angles ! On revient à la nécessaire harmonie des fondamentaux. Les photos ne permettent pas, bien sûr, de juger du mouvement en avant, mais on voit bien que la géométrie et l'équilibrage évoluent de manière coordonnée dans les photos de gauche à droite. Si ce n'était pas le cas, et si le cheval de droite avait le même équilibre que celui de gauche, il se coucherait nécessairement sur l'épaule gauche en basculant sa nuque vers l'extérieur.

Alors, pourquoi des angles différents ? Il y a deux variables possibles. La première est évidemment le modèle du cheval ; un cheval bréviligne pourra prendre un angle plus fort qu'un longiligne, sans écarter le postérieur extérieur. La seconde est l'objectif poursuivi ; un angle et une incurvation faibles, comme dans la photo de gauche, favorise plus la détente du postérieur droit que son engagement, et inversement un angle et une incurvation marqués, comme dans la photo de droite, favorise plus l'engagement que la détente. On peut en juger par l'abaissement de la hanche droite et par l'avance du pied droit vers le centre de gravité.

L'évaluation d'un mouvement doit toujours être globale, et, en l'occurrence dans l'épaule en dedans, l'incurvation ne peut être appréciée sans tenir compte du mouvement en avant et de l'équilibre.

16 octobre 2012 ·

L'école des aides envisageait tous les accords possibles entre les effets de rêne et les effets de jambe, comme, par exemple, l'accord entre la jambe isolée et les effets des rênes d'opposition dont l'objectif est d'opposer le déplacement des épaules à celui des hanches.

Nous devons cette invention au Vicomte d'Aure, à propos de qui j'avoue être de parti pris ; je le considère comme un écuyer rudimentaire qui n'a trouvé une place dans l'histoire de l'équitation que parce qu'il s'est opposé à François Baucher !

Bref, après 50 ans, je m'interroge toujours sur l'intérêt qu'il y aurait à faire tourner un cheval comme un bateau en déplaçant l'avant-main dans un sens et l'arrière-main dans l'autre, à part de permettre à un promeneur de faire demi-tour dans un chemin creux ! Au niveau gymnastique il n'y a, en tous cas, aucun bénéfice ni d'assouplissement, ni de musculation.

L'accord de la rêne directe d'opposition et de la jambe isolée du même côté est la plus mauvaise combinaison d'aides possible. Elle fait tourner le cheval autour du centre, met la colonne vertébrale en

torsion, charge l'épaule intérieure et fait chasser les hanches vers l'extérieur.
C'est exactement ce qu'on essaye toujours d'éviter !

Le rôle de ce qu'on désignait comme rêne contraire d'opposition a conservé son importance, mais en évoluant vers le concept de rêne régulatrice qui autorise puis limite les déplacements de l'encolure, et qui contrôle les épaules. L'effet direct d'opposition, par contre, doit être complètement abandonné car il va l'encontre de l'équilibre ; la rêne intérieure doit rester légère et son rôle doit se limiter au positionnement du pli.

d'Aure et les effets d'opposition

17 octobre 2012 ·

La rectitude doit être un souci permanent car le cheval, même bien dressé, cherchera toujours à revenir à la diagonalisation. Il ne fait pas ainsi une « faute » à proprement parler ; sans attention particulière du cavalier, il revient simplement à ce qui est pour lui un mode naturel de déplacement.

Une rectitude absolue impliquerait une souplesse égale de toutes les articulations symétriques et une amplitude égale de toutes les oscillations alternées. C'est un état que nous ne pourrons jamais atteindre complètement ! Le cheval va donc toujours essayer d'aligner le diagonal de son postérieur le plus fort sur l'axe du déplacement ; c'est particulièrement perceptible au galop. Si nous le laissons faire, il va ainsi renforcer encore son diagonal fort, affaiblir d'autant l'autre diagonal et augmenter son asymétrie.

Il faut donc constamment le redresser mais comme il est plus étroit des épaules que des hanches, lui mettre « les » épaules devant « les » hanches n'est géométriquement pas possible. Redresser un cheval piste à main gauche consistera en fait à lui mettre l'épaule gauche devant la hanche gauche.

La terminologie francophone désigne ce redressement comme « placer droit fléchi ».Le terme est assez obscur et veut exprimer en fait que pour qu'un cheval soit droit il faut légèrement le fléchir vers l'intérieur.La terminologie germanique emploie le terme «épaule devant» qui est plus clair et plus précis mais que nous employons peu.

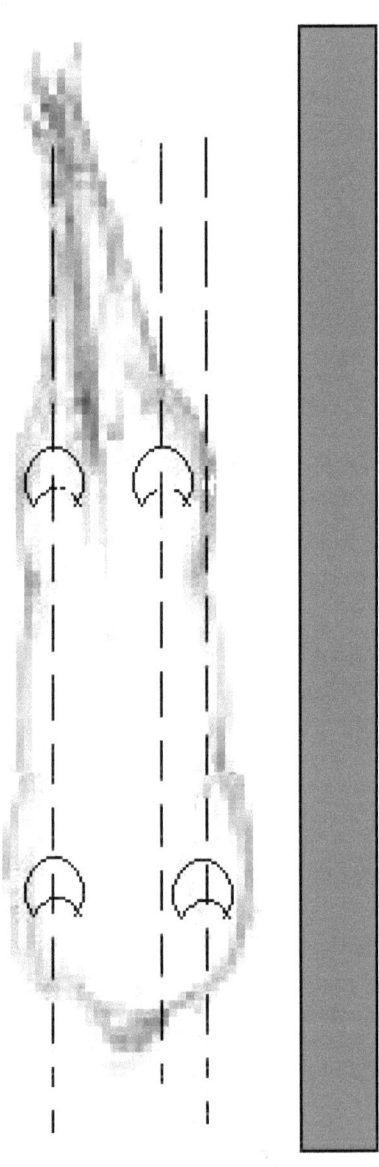

Placer droit fléchi

piste à main gauche

18 octobre 2012 ·

La hanche en dedans est un exercice qui est aussi désigné par les termes « Tête au mur » ou, plus anciennement, «Travers».

Le cheval est hanche en dedans lorsque, par rapport à sa piste initiale, il dévie ses hanches vers l'intérieur. La tête et le début de l'encolure restent dans l'axe de la piste initiale et le cheval s'incurve à l'intérieur.

Cette incurvation autour de la jambe intérieure à la sangle est l'élément essentiel qui permet au postérieur intérieur de venir se poser d'aplomb. Sans cette incurvation, le cheval se coucherait vers l'extérieur, le postérieur intérieur viendrait se poser en biais et les articulations hautes, hors d'aplomb, ne pourraient pas se fléchir.

Comme pour l'épaule en dedans il faut donc juger l'exercice à la fois sur l'incurvation et sur la répartition de la masse dans le plan vertical. L'angle formé avec la piste initiale variera de 30 à 40° en fonction du modèle et de l'objectif (accentuer, plus ou moins, la flexion des articulations).

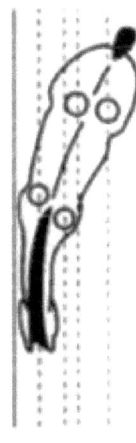

19 octobre 2012 ·

L'épaule en dedans et la hanche en dedans sont les exercices de base du travail de 2 pistes. Ils constitueront le prérequis de tous les autres mouvements.
Il faut donc apporter le plus grand soin à leur exécution, les intégrer dans le travail d'échauffement d'un cheval dressé et y revenir dès qu'un problème persiste dans un des autres exercices de 2 pistes.

Les deux exercices sont symétriques ; dans l'épaule en dedans on organise un déplacement des épaules par rapport à l'axe des hanches, et dans la hanche en dedans un déplacement des hanches par rapport à l'axe des épaules.

Dans les deux cas, il faut, d'une part, éviter la diagonalisation du cheval, en limitant l'écartement de l'antérieur extérieur dans l'épaule en dedans et en limitant l'avance de l'antérieur intérieur dans la hanche en dedans, et, d'autre part, maintenir l'équilibre dans le plan vertical.

Il faut enfin confirmer les deux exercices dans leurs variantes, hors de piste et sur le petit cercle, ainsi qu'en travaillant leurs contre-leçons, contre-épaule en dedans et hanche en dehors 😊 (= croupe au mur, ou renvers).

20 octobre 2012 ·

Dans sa leçon de base, Nuno Oliveira faisait travailler tous les enchainements possibles de 2 pistes dans la même incurvation, au pas d'abord et au trot ensuite.

Epaule droite en dedans sur le long côté, enchainer hanche en dedans sur le petit côté, passer le coin autour des hanches, appuyer par la diagonale, sur la ligne des ¾ enchainer hanche en dehors, passer le coin autour des épaules, puis recommencer dans l'autre sens.

Tous les déplacements et tous les transferts d'équilibre étaient ainsi revus en une vingtaine de minutes. Après avoir corrigé les fautes, il pouvait alors passer aux exercices particuliers qu'il souhaitait faire travailler.

22 octobre 2012 ·

L'approche pédagogique traditionnelle distinguait trois formes de départ au galop ; par perte d'équilibre, par rupture d'équilibre volontaire et par prise d'équilibre.

Le dessin de Philippe Karl montre bien la différence. Dans le dessin du haut, le cheval part au galop à droite en chutant sur l'antérieur droit, la croupe remonte et la base de l'encolure s'affaisse. Il entame le galop par un 3ième temps. Dans le dessin du bas, le cheval part au galop à droite en engageant les hanches, la croupe descend et la base de l'encolure remonte. Il entame le galop par un 1er temps.

En dehors de cas tout à fait particuliers, il ne faut prendre le galop que par prise d'équilibre, et le plus rapidement possible du pas. D'abord, parce que perdre volontairement l'équilibre n'est certainement pas utile, ensuite parce que ce type de départ au galop est un excellent exercice de musculation.

On voit bien sur la photo que le cheval abaisse fortement ses hanches et élève sa base d'encolure dans une attitude qui demanderait au trot un dressage très confirmé. Par les départs successifs au galop du pas, on peut donc obtenir, pendant quelques foulées chaque fois, l'effet gymnastique d'un haut niveau de rassembler.

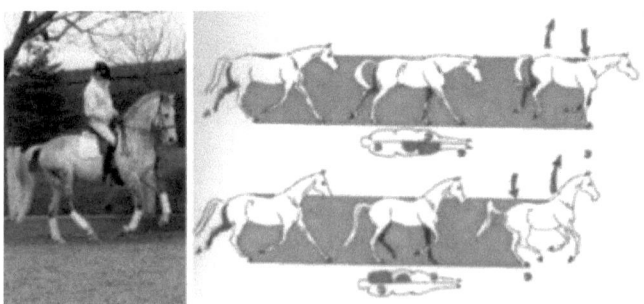

Départ au galop - Dessin de Philippe Karl

23 octobre 2012 ·

Pour obtenir un effet gymnastique dans le départ au galop du pas, par prise d'équilibre, il faut le demander dans des conditions qui incitent le cheval à prolonger l'abaissement des hanches pendant quelques foulées.

En demandant le départ sur un ovale et vers l'entrée du coin, dans un espace délimité, on empêche le cheval d'ouvrir sa foulée et de reporter du poids vers les épaules. Après avoir galopé quelques foulées, on repasse au pas et on récompense, puis on recommence.

L'exercice doit être exécuté dans un rythme régulier, et son prérequis sera donc le départ au galop du pas dans le calme sur le petit cercle de 12 à 15m. L'ovale, d'une dizaine de mètres de diamètre au début, peut être progressivement rétréci, en fonction de la musculation du dos/rein et de la croupe.

L'exercice impose une charge importante sur le postérieur intérieur ; il faut le travailler par des séquences courtes, 5 ou 6 départs, entrecoupées de temps de relaxation.

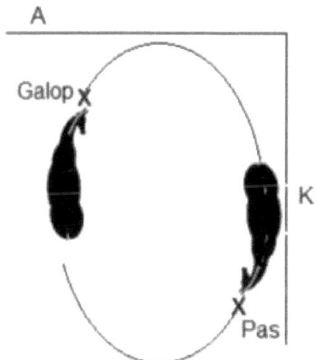

Départ au galop du pas, par prise d'équilibre.

24 octobre 2012 ·

Le travail du rassembler au galop commence par les mouvements latéraux ; voltes courtes d'abord, puis cercle hanche en dedans, et volte autour des hanches. Comme tous les exercices de musculations, ils doivent être exécutés progressivement, sans jamais dépasser, ou prolonger, un effort raisonnable.

Comme toujours, le bon critère d'incurvation sera le poser du postérieur intérieur qui doit se faire bien à plat de telle sorte que les articulations hautes soient dans le même plan vertical au moment du milieu de l'appui, sans cela elles ne pourraient pas fléchir.

Il faut distinguer les deux exercices. Le cercle hanche en dedans est le prérequis de la volte autour des hanches, même si les deux exercices n'appartiennent pas à la même famille. Le cercle hanche en dedans est un déplacement des hanches autour de l'axe des épaules, tandis que la volte autour des hanches est un déplacement des épaules autour de l'axe des hanches.

Ils peuvent néanmoins se travailler en continuité sur une spirale progressivement rétrécie ; le cavalier commence par tenir les épaules en rangeant les hanches pour ensuite progressivement tenir les hanches et déplacer les épaules. La progressivité de l'aide consiste principalement à reculer peu à peu la ligne de gravité pour charger les hanches.

Le critère essentiel sera la cadence ; le cavalier doit avoir le tact de cesser l'exercice, sitôt qu'il sent que le cheval va perdre sa cadence, et le laisser élargir en amplifiant sa foulée.

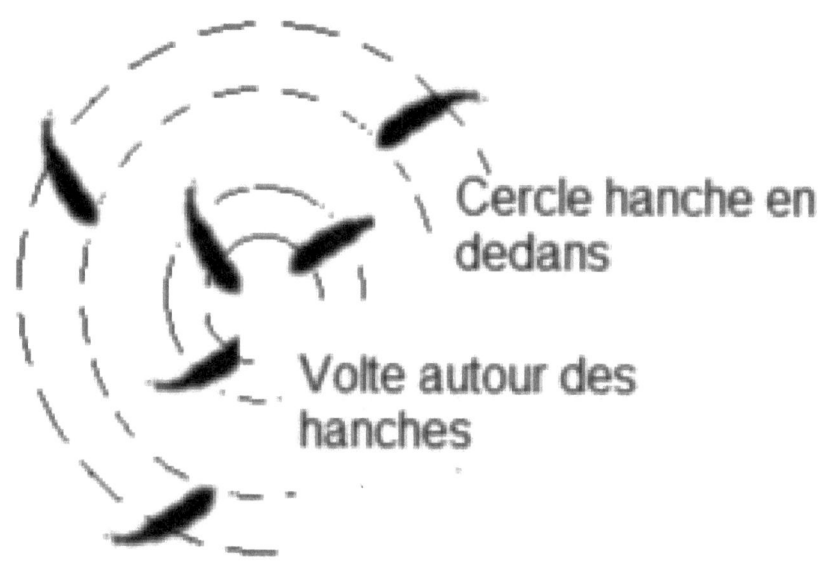

25 octobre 2012 ·

Le contre-galop est principalement un exercice d'équilibre et de rectitude. Je préfère employer le terme contre-galop pour désigner l'exercice, et galop à faux pour désigner la faute.

La progression habituelle consiste à mettre le cheval sur des contre-changements de main en l'éloignant progressivement de la piste. Toutefois, si le cheval est dans l'équilibre nécessaire pour aborder le contre-galop, il est forcément mis au départ par prise d'équilibre. On peut donc aussi prendre directement le contre-galop le long du mur en lui donnant une position préalable de légère croupe au mur (renvers).
La progression consiste alors à arrondir le passage du coin d'abord, pour se rapprocher ensuite du coin au fur et à mesure de l'habilité du cheval.
La transition contre-galop/pas à la sortie du tournant ponctue la fin de l'exercice et fait comprendre au cheval pourquoi il est

récompensé.Ensuite, on prolongera l'exercice sur la piste extérieure puis sur le cercle.

Le plus important dans l'exercice sera l'attitude dans le plan vertical ; le cheval au contre-galop à gauche ne doit pas se coucher sur le latéral droit.

La photo montre bien les aides ; la cavalière conserve un pli à gauche et contrôle l'épaule droite, la jambe droite en arrière « verrouille » le galop gauche en tenant les hanches mais sans les déplacer, et l'assiette aide au maintien de l'équilibre vertical.

Contre galop

Attitude et progressions

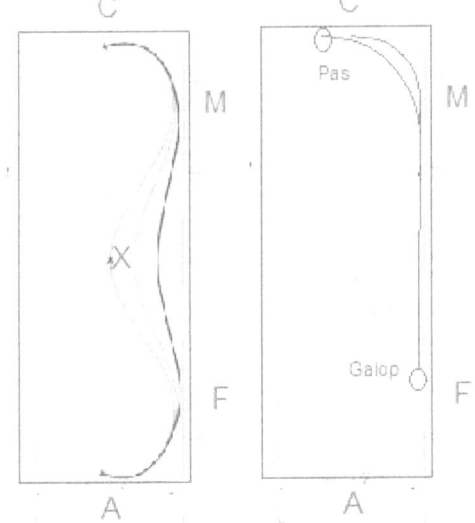

26 octobre 2012 ·

Une transition vers une allure inférieure provoque une force d'inertie d'autant plus importante qu'elle se fait sur une distance courte et entre des allures très différentes.

Cette inertie doit être absorbée par des amortisseurs. Nous souhaitons qu'elle le soit par la flexion des articulations des membres postérieurs et du dos/rein, par l'élévation de la base de l'encolure, la flexion de la nuque et la décontraction de mâchoire. Seulement le cheval dispose d'autres moyens plus économes en énergie, et il va tout naturellement essayer de s'en servir !

Il va d'abord se traverser pour amortir cette pression plus facilement dans une flexion latérale que dans les flexions longitudinales. Si le cavalier le garde droit, il va ensuite figer les antérieurs, abaisser la base d'encolure et peser sur le mors. Si le cavalier le garde en équilibre, il va enfin arrêter de pousser en se désengageant et en creusant le dos/rein.

De ce processus de « fautes », qui ne sont en fait qu'une recherche de facilité, nous pourrons déduire une règle d'or. Dans les transitions il faudra toujours commencer par vérifier la rectitude et l'équilibre, et ensuite seulement intervenir sur le mouvement.'est particulièrement vrai à l'obstacle où le but n'est pas de ralentir le cheval après le saut, mais de le rééquilibrer, si c'est nécessaire, pour préparer le saut suivant.

Cette règle va malheureusement à l'encontre du réflexe primaire qui pousse le jeune cavalier à ralentir d'abord, pour ensuite tenter tant bien que mal de contrôler la rectitude et l'équilibre.

Il faut le convaincre qu'une résistance, ou à fortiori une traction, exercée sur un cheval de travers ou sur les épaules, ne pourra qu'aggraver le traversé et/ou le déséquilibre.

27 octobre 2012 ·

Lorsque nous parlons d'exercices, de progressions, de combinaisons d'aides ou de biomécanique, nous ne devons jamais oublier que la technique n'est qu'une base et qu'il est nécessaire d'aller au-delà. L'équitation est avant tout un dialogue, une harmonisation de deux sensibilités, sans cela elle serait profondément ennuyeuse !

La technique est bien entendu nécessaire pour préciser notre gestuelle, établir nos réflexes et enrichir les automatismes de notre mémoire musculaire, mais elle n'en reste pas moins un moyen ; le but est de communiquer avec le cheval.

Il ne faut jamais oublier l'adage « Les aides ne servent pas à faire obéir, elles servent à faire comprendre ! ». Toutes nos postures et toutes nos actions ne servent qu'à cela : faire comprendre au cheval ce que nous attendons de lui, et rêver d'atteindre un jour la relation idéale où le cheval voudrait faire ce que le cavalier a simplement pensé !

29 octobre 2012 ·

Le changement de pied est un départ au galop du galop ! C'est un exercice qui occupe une place à part dans la mesure où il fait appel à la seule compréhension du cheval sans exiger d'effort gymnastique particulier. Il nécessite avant tout du calme et de l'équilibre.

Le cheval de saut d'obstacle pourra travailler le changement de pied sitôt qu'il sera en équilibre avec un bon branle de galop ; il apprendra vite à le faire quasi de lui-même dans la sinuosité du parcours.

Le cheval de dressage, et par le fait même celui de complet, ne peuvent changer qu'à la demande ; le plus important avec eux sera de se montrer très exigeant sur les prérequis. Avant d'aborder le changement de pied, ils devront galoper aux deux mains de manière régulière et équilibrée, donner sans aucune faute les départs pas/galop alternés ainsi que le changement de pied de ferme à ferme (galop/pas/galop), et être confirmés au contre-galop.

Le bon changement de pied s'exécute « en l'air », par inversion du geste pendant le temps de suspension.Le cheval peut aussi changer fautivement au sol, par un geste qu'on décrit souvent comme une demi-foulée de trot et qui est en fait un redoublement de l'appui d'un postérieur pour permettre l'inversion des diagonaux.Il peut aussi se désunir en ne changeant que de devant Le changement au sol est favorisé par une transition préparatoire galop/trot/galop, c'est pourquoi il vaut mieux, à mon sens, ne préparer que par le changement de ferme à ferme (galop/pas/galop).

Il existe des multiples progressions vers le changement de pied ; sur l'oblique d'une demi-volte ou d'une diagonale, à la fin d'un appuyer, sur le cercle du contre-galop au galop, sur la serpentine, sur la piste du galop au contre-galop, etc. La meilleure est celle que le cheval comprend le mieux !

Je pense qu'il faut éviter au début le changement du contre-galop au galop pour éviter la confusion dans l'esprit du cheval, qui pourrait ainsi être incité à voler le changement de pied pendant le contre-galop.

Pour le reste, calme et, le plus rapidement possible, droit !

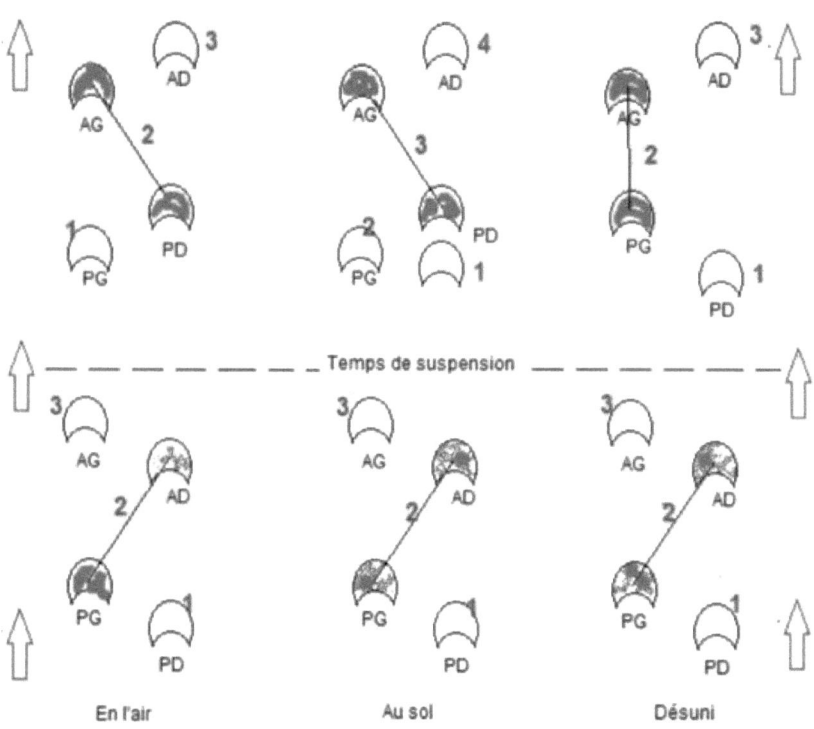

Changement de pied de gauche à droite

Temps de suspension

En l'air Au sol Désuni

30 octobre 2012 ·

Il existe plusieurs variantes du galop qui se distinguent du galop normal par le nombre de temps.

Le galop de course, par la vitesse de ses enchaînements, est une sorte de galop roulé à 6 temps.

Le galop à 4 temps vient d'une dissociation du diagonal par anticipation du poser soit de l'antérieur, soit du postérieur. Dans le premier cas, c'est une faute grave qui dénote d'un désengagement et d'un déséquilibre sur les épaules. Dans le second cas, il s'agit d'un excès de rassembler ; c'est une faute moins grave qui est même très commune dans la pirouette.

Le galop terre-à-terre, ou mézair, est un galop en 2 temps ; les 2 postérieurs puis les 2 antérieurs. Certains auteurs distinguent les deux termes, en réservant « mézair » à un terre-à-terre très relevé devant. Il est encore utilisé comme préparation des sauts d'école dans les grandes écoles. D'une certaine façon, on peut considérer que la prise des battues à l'obstacle (les 2 antérieurs d'abord, les 2 postérieurs ensuite) est une sorte de foulée de terre-à-terre.

Des allures artificielles, comme le galop sur 3 pieds ou le galop en arrière, avaient forcément un mécanisme particulier. Assez en vogue au début du siècle dernier, avec des écuyers comme Fillis et Saint-Phalle, elles sont presque abandonnées et n'offrent d'ailleurs aucun intérêt.

Les changements de pied au temps pourraient être considérés comme une allure différente qui se définirait comme un galop amblé en 2 temps.

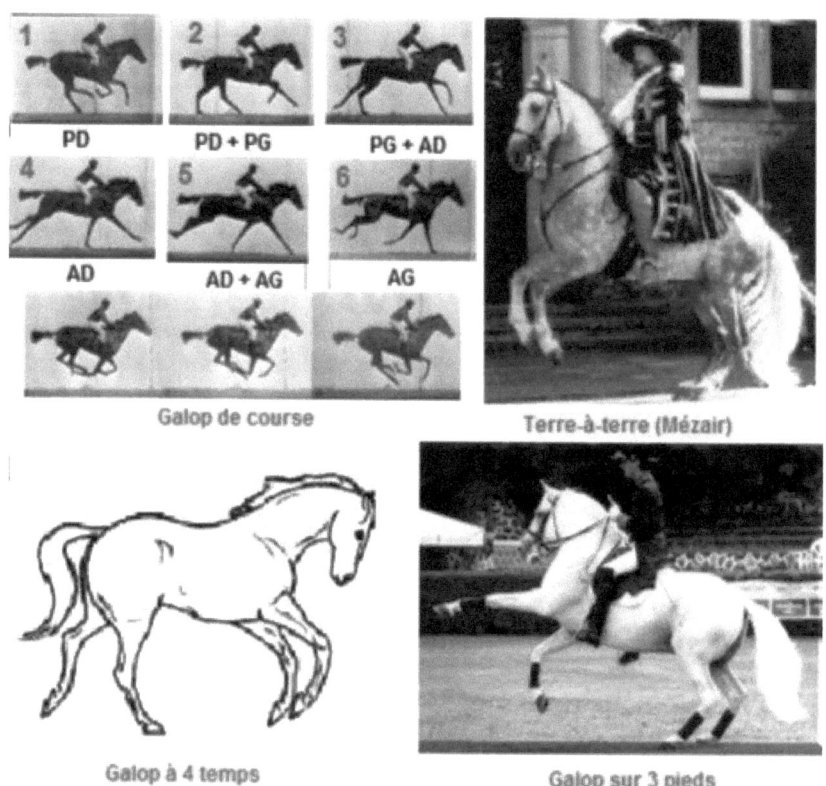

Galop de course

Terre-à-terre (Mézair)

Galop à 4 temps

Galop sur 3 pieds

31 octobre 2012 ·

Le reculer est une allure marchée, diagonale et en 2 temps séparés par un appui quadri pédal.

Bien exécuté, c'est un exercice important, très utile dans la gymnastique de flexion de l'arrière-main ; mais pour en tirer le bénéfice escompté il faut qu'il se fasse dans la légèreté, le cheval placé, et relevé dans sa base d'encolure.

Il est souvent demandé trop tôt dans l'éducation du cheval car ses prérequis sont une rectitude suffisante, l'arrêt d'aplomb, la mise en main et la descente de main. Lorsque ces éléments sont en place, le cheval recule, sur une sollicitation des jambes un peu reculées, en rebondissant sur la barrière virtuelle de la main qui ne s'ouvre pas.La main doit être fixe, un peu relevée, et surtout n'exercer aucune traction sous peine d'obtenir l'effet contraire à celui qui est recherché.

Le reculer s'organise sur une mise en place correcte du dos. Les cavaliers commettent souvent la faute de reculer leurs épaules trop et trop vite. Avec un jeune cheval, il ne faut pas hésiter à demander le reculer en assiette légère pour dégager le dos et lui permettre une légère voussure.

Le cheval se dévie toujours du côté de son postérieur le plus faible. Il faut, comme toujours, le redresser en remettant les épaules devant les hanches, par un placé droit fléchi ou une épaule en dedans, mais vers arrière.

Le reculer corrige un déséquilibre par résistance de poids lorsqu'un demi-arrêt n'est pas suffisant. Il ne doit jamais être utilisé par le cavalier, ou ressenti par le cheval, comme une punition, ce qu'on voit malheureusement trop souvent en saut d'obstacle.

Arrêt | Rétropulsion du bipède diagonal gauche. Soutien et recul du bipède diagonal droit | Base quadrupédique | Rétropulsion du bipède diagonal droit. Soutien et recul du bipède diagonal gauche | Base quadrupédique

<u>1 novembre 2012</u> ·

La conception que les anciens avaient du saut est particulièrement étonnante.

Cette gravure tirée du « Manège Royal » de Pluvinel représente le saut de la canne, décrit comme une succession de levade, courbette et cabriole ! Or ces gens étaient bien meilleurs cavaliers d'extérieur que nous ; ils se déplaçaient, chassaient et faisaient la guerre à cheval.

Le saut d'obstacle, tel que nous le connaissons, ne date bien sûr que du 20ième siècle ; d'Aure avait fait l'admiration de ses contemporains au 19ième siècle … en sautant un droit de 1m20 ! Mais, si les anciens ignoraient le concours hippique, ils n'en sautaient pas moins des haies, fossés, murets, barrières, etc. Et pourtant ils n'avaient pas fait le rapprochement avec le dressage et ignoraient tout du mécanisme du saut !

Beaucoup de choses qui nous semblent évidentes aujourd'hui ne sont en fait connues que depuis l'invention de la photographie. Lorsque nous croyons « voir » certaines actions rapides et complexes, nous repérons en fait des éléments observables que notre cerveau interprète en fonction de photos, de vidéos, de graphiques ou d'images qui font partie de notre culture.

Il est donc important, tant pour le moniteur que pour le cavalier, d'établir un vaste répertoire de critères d'évaluation objectifs, précis et confirmés, qui leur permette de juger de la qualité d'un geste ou d'une action.

2 novembre 2012 ·

Soigner une maladie n'est pas nécessairement compliqué, il suffit parfois d'en taper le nom sur un moteur de recherche puis d'appliquer les consignes. C'est le diagnostic, savoir qu'elle maladie a le patient, qui est difficile ! En équitation c'est pareil, trouver des solutions est souvent assez simple, c'est identifier les problèmes qui est difficile.

Très souvent les cavaliers, et parfois les moniteurs, s'attaquent aux effets sans en chercher les causes ce qui, bien entendu, les conduit toujours dans une impasse.

Ainsi, par exemple, toute contraction, où qu'elle se situe, entraînera nécessairement, par continuité, une contraction de mâchoire. C'est dans ce domaine que le jeune cavalier commettra le plus facilement des fautes car il s'arrêtera presque toujours à cet effet, en cherchant à résoudre devant un problème qui vient souvent de derrière. La décontraction de mâchoire ne pourra se faire utilement qu'après avoir solutionné le problème initial ; désengagement d'un postérieur, dérobade sur une épaule, résistance à la sangle, etc.

Il faut toujours rechercher et traiter la faute primaire, et ensuite seulement, si c'est encore nécessaire, s'occuper des fautes secondaires.

3 novembre 2012 ·

Nuno OLIVEIRA disait aux moniteurs qui suivaient ses cours ; « N'oubliez pas que nous faisons un métier d'acteur ! ». Le propos peut étonner, il est pourtant très juste.

L'acteur n'est pas sur scène pour cabotiner, ni pour exprimer ses propres sentiments, mais pour servir la pièce et faire comprendre au public le message de l'auteur.

L'enseignant doit faire de même : il n'est pas dans son manège pour se mettre en valeur, ni pour laisser transparaître ses états d'âme. Ses attitudes, sa gestuelle, son vocabulaire et les sentiments qu'il exprime sont autant de moyens au service de son enseignement qu'il doit adapter à la composition des groupes d'élèves, aux messages qu'il veut transmettre et aux objectifs qu'il se propose d'atteindre.

5 novembre 2012 ·

Les moniteurs et les cavaliers confirmés finissent toujours par s'intéresser, un jour ou l'autre aux méthodes de François Baucher. C'est indispensable, mais il faut toutefois faire preuve d'une certaine prudence car le bauchérisme peut être la meilleure ou la pire des choses !

Baucher est, avec La Guérinière et Oliveira, un des trois piliers de l'équitation classique, mais c'est une personnalité atypique, qui a eu un parcours professionnel complexe à une époque elle-même compliquée !

Sa seconde manière, dont l'exposé le plus abouti se trouve dans l'édition posthume de sa « Méthode d'équitation basée sur de nouveaux principes » (1874) est un monument de la littérature équestre, une bible à laquelle on peut adhérer sans restriction. Elle contient toutes les bases de l'équitation moderne, y compris déjà, entre les lignes, la notion des fondamentaux.

Mais il y a sa première manière ! Elle a été formulée 30 ans plus tôt, et elle doit être abordée avec beaucoup d'esprit critique, car comprise trop littéralement, ou mal utilisée, elle a ruiné beaucoup de chevaux !

Il faut aborder la première et la seconde manière comme si on étudiait deux auteurs différents, car la carrière de Baucher a été bipolaire, et il faut en connaître les deux faces pour en apprécier la meilleure.

6 novembre 2012 ·

La méthode développée par François Baucher dans sa première manière se donnait comme objectif de détruire les forces instinctives du cheval pour leur substituer les forces transmises par le cavalier.

Elle doit impérativement être étudiée dans son contexte. C'est l'époque de la mémorable querelle entre d'Aure et Baucher, et cette querelle n'est pas seulement équestre, loin s'en faut ! Elle est sociétale ; l'aristocratie opposée à la bourgeoisie à l'époque de la restauration de la monarchie. Elle est culturelle ; les anciens contre les modernes au moment de la naissance du romantisme. Et surtout, … elle est financière !

L'un comme l'autre voulaient faire approuver leur méthode par le ministère de la guerre pour qu'elle soit appliquée à l'instruction des troupes à cheval par l'école de Saumur, dont ils espéraient tous deux prendre la direction. Ce n'est pas pour rien que toutes les gravures des premières éditions de la « Méthode » représentent des chevaux manipulés ou montés par des officiers ou des cavaliers de la troupe !

Or quel était l'objectif du ministère ? Choisir une méthode permettant de dresser rapidement les chevaux de remonte pour les rendre militairement opérationnels ! A ce jeu, c'est d'Aure qui devait l'emporter … parce que sa méthode était plus simpliste !

Dès lors que retenir de cette première méthode de Baucher en fonction d'un tel objectif ? Deux techniques, les flexions et l'effet d'ensemble, qui peuvent être utilisés de manière ponctuelle pour solutionner un problème, mais certainement pas dans un esprit de domination, qui, il faut bien le dire, existait au départ dans les exposés de cette première méthode.

La contrainte nuit à la fraîcheur et à la générosité du cheval. C'est le sens de l'adage « L'effet d'ensemble tue ! ».

<u>7 novembre 2012</u>·

Autant il faut se montrer prudent en abordant la première manière de Baucher, autant on peut adhérer sans restriction à l'esprit de la seconde, telle qu'elle apparait dans l'édition posthume de la « Méthode.. », et telle qu'elle a été décrite par Faverot de Kerbrech.(On peut dire en quelque sorte que Faverot a « traduit » Baucher car, contrairement à des auteurs comme Podajsky et Oliveira, par exemple, qui sont particulièrement précis, Baucher était meilleur écuyer qu'écrivain et ses écrits manquent parfois de clarté !)

Une trentaine d'années séparent les deux manières. Baucher a pris de la maturité et il est plus serein puisque sa réputation est acquise. Il a aussi été victime d'un grave accident, écrasé par un lustre qui s'est décroché dans son manège. Il s'en est remis mais en perdant une part de cette puissance musculaire qui, semble-t-il, le caractérisait dans son jeune âge. Tout cela l'amène à rechercher une équitation en finesse et en légèreté.

Il adoucit considérablement son discours et ses procédés, n'utilise plus que le bridon, et, même s'il cherche à ne pas trop contredire ses premiers écrits, il insiste sur le principe de mains sans jambes et jambes sans mains qui est l'exact contraire de l'effet d'ensemble.

Il est surtout le premier à émettre aussi clairement l'idée que mouvement en avant et équilibre doivent s'harmoniser ; l'un ne pouvant jamais nuire à l'autre. Ce principe, qui est à mon sens le fondement de l'équitation dans la légèreté, reste encore trop négligé et doit faire l'objet d'une attention constante.

C'est de cette seconde manière que s'inspireront de grands écuyers comme, entre autres, L'Hotte, Faverot, Beudant, Bacharach, et surtout Oliveira.

<u>8 novembre 2012</u> ·

Dans toutes les allures, la position du buste du cavalier coïncide avec la composante des forces qu'il subit ; la force de gravité (G) qui le tire vers le bas, et la force d'inertie (I) qui le tire en sens contraire du mouvement.

Dans le rassembler la force d'inertie est nulle, le buste soumis à la seule force de gravité se dispose verticalement.

Dans le galop de course la force de gravité est quasi insignifiante par rapport à une force d'inertie considérable ; le buste s'oriente vers l'horizontale.

Dans les allures intermédiaires entre ces deux extrêmes, l'inclinaison du buste variera en fonction du rapport gravité/inertie, plus redressé si l'inertie est faible, et inversement.

Un cavalier bien équilibré et décontracté prendra naturellement la position du buste qui correspond aux tensions subies ; c'est une conséquence de notre capacité de proprioception. Mais il y a un préalable à cet équilibre et à cette décontraction ; c'est le placement correct de la jambe et de l'assiette, en fonction de la longueur des étrivières.

Dans l'apprentissage du cavalier, il faudra donc toujours s'attacher à placer d'abord le bas du corps car c'est la base sur laquelle la position correcte se construit.

9 novembre 2012 ·

En extérieur, l'inertie propre aux déclivités vient s'ajouter aux autres tensions subies par le cavalier.

Toutes les pentes faibles, dans un sens ou dans l'autre, peuvent être abordées en assiette légère, pour dégager le dos/rein sans charger les épaules.

Plus une montée est raide et plus les directions des forces subies tentent à se confondre ; le buste s'incline en avant pour se rapprocher, au fur et à mesure, d'une parallèle à la pente.

Dans les descentes, la position du buste dépend du type d'action. Tant que la pente peut se négocier au galop, le buste reste dans une attitude d'assiette légère : lorsque l'action devient « glissée » le cavalier se redresse.
Il faut remarquer que l'impression visuelle que le cavalier se penche en arrière n'est qu'un effet d'optique ; il s'aligne en fait sur la ligne de gravité.

Les fortes montées doivent se prendre au galop, les fortes descentes au pas, et dans les deux cas dans l'axe de la pente, car le cheval s'équilibre mal en dévers.

10 novembre 2012 ·

La position du cavalier dans les contrebas varie en fonction de nombreux paramètres ; la vitesse à l'abord, la hauteur, la déclivité du sol à la réception, et souvent en complet la distance des combinaisons qui suivent.

En fait, cette position est une application de la position en descente, et dépend comme elle du type d'action.

Tant que l'action est rapide et sautée, le buste reste en position d'assiette légère. Remarquez que plus le cheval saute loin plus l'angle des antérieurs avec le sol, à la réception, est faible ce qui diminue le choc.
La foulée suivante sera longue comme après le saut d'un large.

Lorsque l'action est lente et glissée, le buste se redresse pour aligner le corps du cavalier sur la ligne de gravité au moment de la réception des antérieurs, qui se fait plus près, avec un choc plus important. La foulée suivante sera plus courte, comme après le saut d'un vertical. Remarquez que sur le gros contrebas à droite les antérieurs se réceptionnent alors que les postérieurs quittent à peine le sommet.

Le cavalier abordera donc le contrebas en fonction de son importance, mais aussi de la suite (déclivité ou combinaison). Un abord en foulées croissantes et en position d'assiette légère, comme à l'abord d'un large, favorisera une réception loin du pied, et, inversement, un abord en foulées décroissantes et en position redressée favorisera une réception près du pied.

12 novembre 2012.

Le travail de deux pistes permet d'assouplir le cheval, de développer sa musculature et d'augmenter sa mobilité.
Il est la base de la haute école, bien sûr, mais il est tout autant indispensable dans la préparation des chevaux d'obstacle et de complet.
En effet, toute résistance implique que le cheval puisse trouver un point d'appui, sur la main du cavalier ou sur une partie de son propre corps, et les mobilisations en deux pistes donnent au cavalier le moyen d'empêcher cette prise d'appui.

Les trois exercices de base sont l'épaule en dedans, la tête au mur et l'appuyer.
Les contre-leçons, contre-épaule en dedans et croupe au mur, sont des variations des deux premiers.

Il y a deux constantes dans ces exercices ; le cheval y regarde venir ses hanches, c'est-à-dire qu'il s'incurve dans le sens de la hanche qui s'abaisse le plus, et les deux bipèdes avant et arrière-main se déplacent dans le même sens, et donc il n'y a jamais de pivot autour du centre.

Dans le pas de côté, le cheval donne un pli dans le sens de la hanche la plus haute ; je ne considère donc pas l'exercice comme faisant partie du travail de deux pistes, mais comme une simple gymnastique préparatoire.

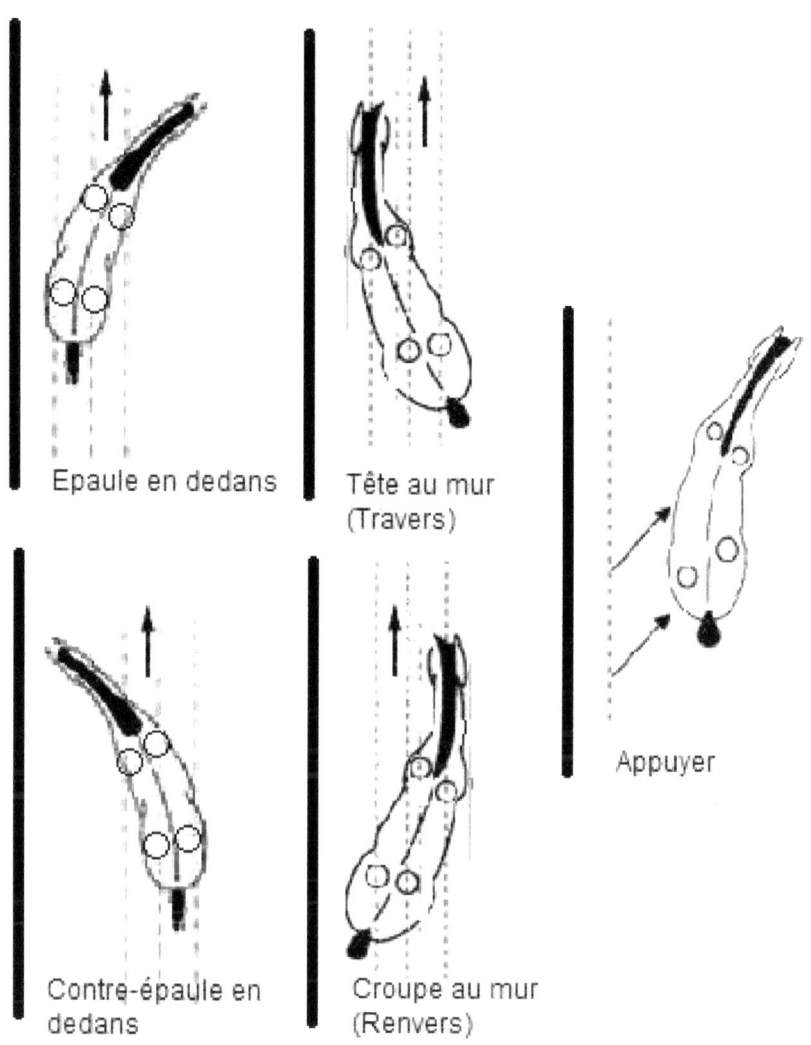

13 novembre 2012 ·

Tous les autres exercices de deux pistes sont des variations des exercices de base.

La volte en épaule en dedans est une épaule en dedans dans un manège rond, et de même la volte hanche en dedans par rapport à la tête au mur.
La volte hanche en dehors est une variante de la croupe au mur.

La pirouette est un déplacement autour de l'axe du postérieur intérieur, et la pirouette renversée autour de l'axe de l'antérieur intérieur.

Toutes ces variations sont des enrichissements des thèmes de base qui permettent de préciser les charges et les mobilisations. Elles seront le prérequis des enchaînements d'exercices de deux pistes.

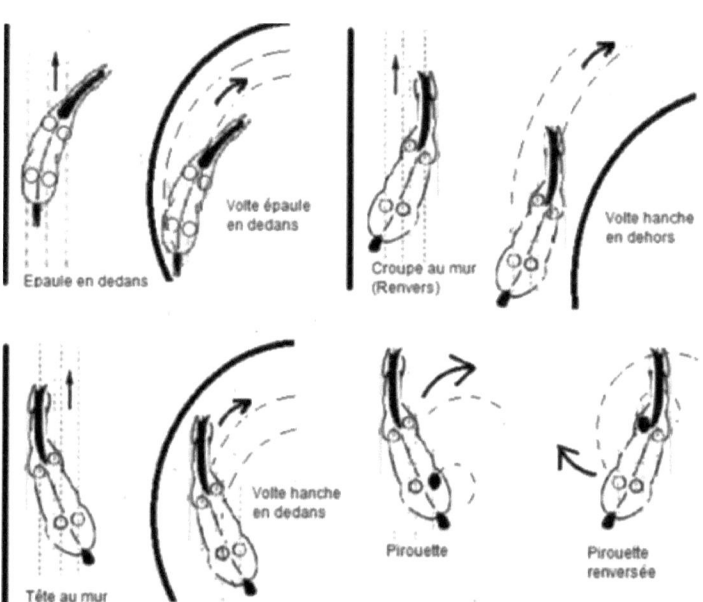

14 novembre 2012 ·

Les enchaînements de deux pistes permettent au cavalier de mobiliser la masse dans tous les sens. Ils sont utiles pour corriger une faute dans l'exercice qui précède. Ainsi, interrompre un appuyer en enchaînant sur une épaule en dedans corrige une perte de cadence. Enchaîner sur une volte hanche en dedans corrige une précession des hanches dans l'appuyer, ou enchaîner sur une volte hanche en dehors corrige une précession des épaules.

Les enchaînements serviront également de critères d'évaluation ; si l'exercice premier a été correctement exécuté, le cheval doit se montrer capable d'enchaîner dans l'exercice second avec souplesse et fluidité.

Tous les enchaînements sont possibles, à condition de conserver la même incurvation. Lorsqu'on veut changer d'incurvation il est préférable de repasser par une foulée droite.

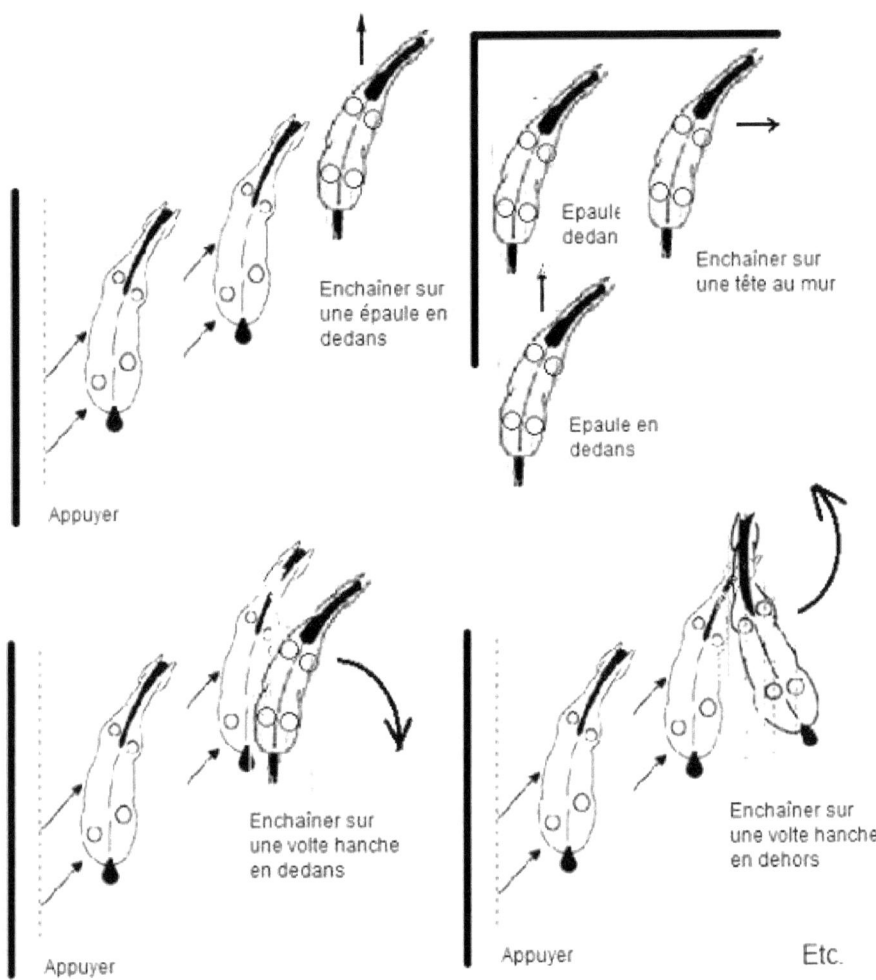

15 novembre 2012

Dans les concours de dressage, la définition de l'entablement dans l'appuyer est que les hanches précèdent les épaules dans leur déplacement vers la piste.

Cette définition est suffisante pour qu'un juge puisse apprécier l'exercice, mais elle n'est pas satisfaisante pour le cavalier. On ne peut pas définir une faute par rapport à l'environnement, sinon il suffirait, en l'occurrence, d'appuyer en plaine ; plus de piste, donc plus d'entablement ?!

Une faute doit se définir par rapport à la masse du cheval. Il y a entablement lorsque le cheval n'abaisse plus la hanche intérieure à l'incurvation, mais au contraire la hanche extérieure. L'entablement doit donc être jugé par rapport au plan vertical, et non pas au plan horizontal : c'est le basculement du bassin, dans un sens ou dans l'autre qui fait la différence.

C'est dans l'appuyer que l'entablement est le plus fréquent, mais il peut se produire dans tous les mouvements hanches en dedans, lorsque l'angle formé par le corps avec l'axe de déplacement est trop important.
C'est une faute lourde évidemment puisqu'elle va à contresens de l'effet gymnastique recherché qui est l'abaissement de la hanche intérieure.

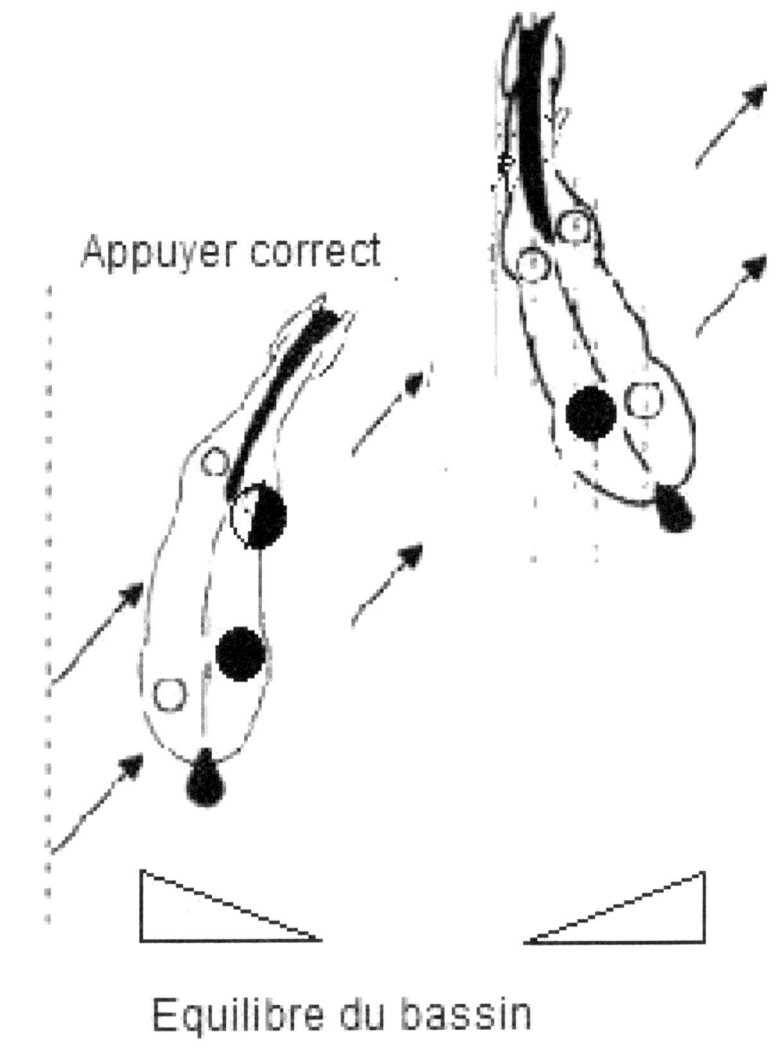

16 novembre 2012 ·

Le rassemblé peut être défini comme une diminution de la base d'appui du cheval (le rectangle formé par les 4 membres).

Pour que ce rassemblé soit correct il doit être obtenu par une avance de l'arrière-main vers la ligne de gravité et non par un recul de l'avant-main.
Müseler le montre bien dans cette planche ; la ligne pointillée qui marque l'aplomb de l'épaule reste inchangée, et les postérieurs se rapprochent progressivement de la ligne continue qui marque l'aplomb de la pointe de la hanche.

Le dessin montre également que le relèvement du bout de devant est proportionnel à l'abaissement du bout de derrière. Le schéma du squelette du postérieur montre la flexion progressive des articulations postérieures.

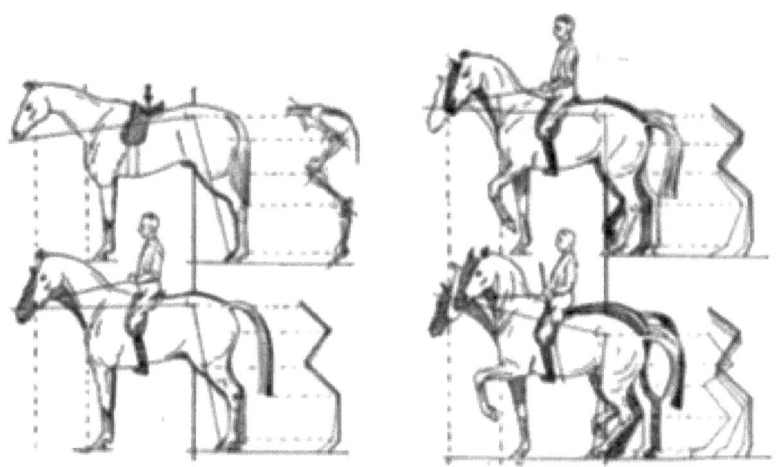

Evolution de l'attitude, de l'équilibre naturel au rassembler
(d'après des dessins de Müseler)

17 novembre 2012 ·

Pour respecter la nécessaire harmonisation entre les fondamentaux, souplesse, équilibre et mouvement en avant, il est nécessaire d'adapter le niveau de rassembler aux angles donnés dans les exercices de deux pistes.

A défaut de renforcer l'équilibre en augmentant l'angle, le cheval se diagonaliserait et se coucherait nécessairement sur une épaule.

L'angle et l'incurvation ne suffisent donc pas pour juger de la qualité du travail, il faut, encore une fois, intégrer la disposition du cheval par rapport au plan vertical aux critères d'évaluation.Le cheval travaille juste quand il répartit son poids sur les deux latéraux, et mal lorsqu'il pèse d'avantage sur l'épaule intérieure (manque de propulsion), ou extérieure (manque d'engagement).

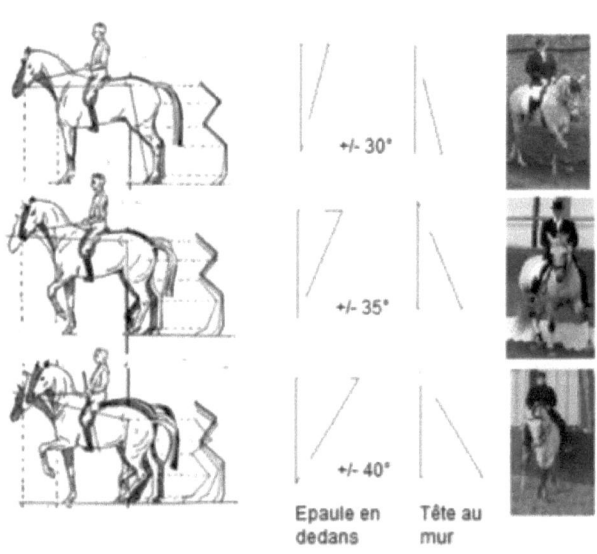

Evolution de l'attitude en fonction de l'angulation d'un exercice de deux pistes

(d'après des dessins de Müseler)

19 novembre 2012 ·

Plusieurs intervenants ont revu et commentés un post que j'avais consacré au dressage FEI après les JO de Londres.Cela m'incite à republier une comparaison sur le même sujet qui me semble explicite.

« Deux photos qui illustrent bien deux conceptions du travail du cheval.
Le critère pour les différencier est très simple : regardez les lignes de l'avant-bras et du canon postérieur opposé.

Dans la première photo (Nuno Oliveira) ces lignes sont parallèles sur les deux diagonaux. Le cheval est en équilibre dans un contact léger sur la seule rêne de filet. L'allure est sublimée mais naturelle.

Dans la seconde photo les lignes sont parallèles sur le diagonal au poser mais ne le sont plus sur le diagonal au soutien. Le compas formé par les antérieurs est beaucoup plus ouvert que celui des postérieurs. Cette exagération du geste de l'avant-bras gauche, qui sur une vidéo donnerait l'impression d'une allure légèrement saccadée, n'est possible que si le cheval s'équilibre sur la main du cavalier, comme le montre la branche du mors de bride. L'allure est spectaculaire mais elle n'est plus naturelle.

Après, chacun en pense ce qu'il veut, selon ses goûts et ses opinions, mais personne ne peut dire de bonne foi qu'il s'agit de la même équitation ! »

Lignes A et C, et lignes B et D parallèles

Compas 1 et 2 égaux

Lignes A et C divergentes, lignes B et D parallèles

Compas 1 et 2 différents

20 novembre 2012 ·

La conception actuelle du dressage FEI dépasse le cadre du dressage lui-même, sous ses différentes formes et sensibilités, pour rejaillir sur l'ensemble des disciplines équestres.

Mon principal domaine d'activité est l'entraînement de chevaux de complet et de saut d'obstacle. Même si à titre privé je suis sensible à l'aspect artistique des exercices de dressage, professionnellement je m'intéresse surtout à leurs effets gymnastiques et aux bénéfices qu'ils apportent en termes de souplesse, de puissance musculaire et de vélocité.

Mon expérience me permet de dire que l'équitation de tradition française est une préparation indispensable aux athlètes que sont les chevaux de ces disciplines de saut. Je considère, par contre, que les dérives du dressage moderne de haut niveau aboutissent à un spectacle médiocre qui n'a plus de valeur, ni artistique, ni gymnastique.

Voici une autre comparaison entre ces deux conceptions du dressage : Les deux photos sont prises au même moment de l'action.Sur la photo de gauche (Nuno Oliveira), on voit le relèvement de la base de l'encolure, le soutien du dos, les postérieurs engagés sous la masse et le cheval qui se porte dans l'avant-main ; tous ces éléments gymnastiques sont indispensables pour les chevaux d'obstacle.Sur la photo de droite, c'est tout le contraire, la base de l'encolure et le rein s'affaissent, le cheval est presque campé, s'encapuchonne et s'appuie sur le mors.Aller sauter une barre avec ce cheval-là serait une entreprise hasardeuse !

21 novembre 2012 ·

Pour que le cheval apprenne il faut que la compréhension des aides et la collaboration soient récompensées par un sentiment de confort accru, et, inversement, que l'incompréhension des aides ou le refus d'y répondre soient pénalisés par un sentiment d'inconfort.

Punir un cheval peut être quelque fois nécessaire, mais le récompenser est toujours indispensable car la récompense est beaucoup plus efficace que la punition.

La descente de main et de jambe doit être l'attitude normale d'un cavalier qui monte un cheval juste.

Anja Beran - Piaffer en descente de main

22 novembre 2012 ·

Le cheval peut-il être au contact et tendu en descente de main ? Bien sûr que oui, même si cela parait paradoxal.

Le cheval conserve un contact limité au seul poids de la rêne. Il respecte la barrière virtuelle de la main et est prêt à se porter en avant lorsque cette barrière se déplacera. C'est encore plus perceptible dans cette photo de Catherine Henriquet que dans celle d'Anja Beran, postée hier.

Une vidéo en apporterait la preuve, mais il y a des critères objectifs qui permettent d'en être certain ; l'abaissement des hanches, le relèvement de la base de l'encolure et la tonicité de la ligne du dessus. Pour celui qui ne serait pas sûr d'interpréter correctement les données observables, il y a un critère simple qui permet de juger de la tension à postériori ; la capacité du cheval à enchaîner, avec fluidité, sur un autre exercice !

Catherine Henriquet
Piaffer en descente de main

23 novembre 2012 ·

Beaucoup de cavaliers d'obstacle se rassurent lorsque leur cheval « tire un peu » à l'abord ; ils ont ainsi l'impression qu'il va franchement vers la barre.

Pourtant le principe est le même dans toutes les disciplines. Le cheval doit conserver avec la main un contact léger et constant, tel qu'à une contraction des doigts réponde une décontraction de la mâchoire et de la nuque. Ainsi le cheval se porte de lui-même ce qui permet au cavalier d'obtenir facilement les changements d'allure en dressage et le réglage de la distance à l'obstacle. Dans le cas contraire, le cheval, en s'appuyant, trouve fautivement sur la main un élément de son équilibre ; il ne dispose plus complètement de sa masse et les transitions passent mal.

On revient toujours à cette vérité première énoncée par François Baucher : « L'équilibre doit s'obtenir sans altérer le mouvement en avant, le mouvement en avant tout en s'opérant ne doit porter aucune atteinte à l'équilibre ».

Michael Jung

Un contact qui ne limite en rien le libre jeu de l'encolure.

24 novembre 2012 ·

Le premier objectif du travail d'un cheval à l'obstacle doit être le calme et la confiance.

Le saut est un mouvement naturel chez les chevaux, au même titre que les allures. Certains sont plus adroits que d'autres mais aucun n'a d'appréhension particulière à franchir un obstacle raisonnable.Ce qui leur fait peur c'est de sauter avec un poids mal réparti sur leur dos ou avec une main qui limite le libre jeu de leur encolure et de leur dos !

Le prérequis pour le cheval qui permettra de débuter le travail sera une rectitude de base, la mise sur la main, la régularité des allures dans un équilibre horizontal et une légère mobilité des épaules et des hanches ; ce qui correspond en fait à un bon débourrage.

Le prérequis pour le cavalier sera une position centrée en assiette légère et une main souple capable de se poser dans les foulées d'abord, pour laisser le cheval se concentrer sur son saut. (Poser la main signifie relâcher les doigts, en conservant un léger contact, et ne plus agir ; c'est l'équivalent à l'obstacle de la descente de main en dressage.)

24 novembre 2012 ·

Les nombreux commentaires contre les dérives du dressage moderne sont utiles ; les réseaux sociaux ont de plus en plus le pouvoir de faire changer certaines choses.

Mais il ne faut pas se tromper de cible. Les cavaliers ont, bien sûr, leur part de responsabilité en montant pour se conformer aux goûts des juges, et faire des points.Mais la responsabilité principale incombe à ces juges, et aux commissions de dressage qui les forment et qui les contrôlent.En tolérant d'abord certaines dérives les juges et les commissions les ont inévitablement cautionnées ensuite, et imposées enfin.

Pour inverser cette tendance, il faut faire remonter la désapprobation par les commissions de dressage régionales, puis nationales, et ensuite jusqu'aux fédérations qui sont les seules à avoir le pouvoir d'imposer une révision des jugements en dressage FEI.

Si vous changiez les règles, les cavaliers de haut niveau, qui sont à leur manière des virtuosesprésenteraient dans les 6 mois des chevaux légers !

25 novembre 2012 ·

Réformer le dressage de compétition ne serait pas techniquement très difficile ; il faudrait d'abord appliquer les règlements FEI, car rien dans les textes ne préconise, ni ne justifie les dérives actuelles, au contraire !

Il suffirait ensuite de quelques mesures objectives : Pénaliser l'encapuchonnement à tous les niveaux de reprise, comme les règlements le prévoient d'ailleurs, sitôt que le bout du nez vient en dedans de la verticale de la nuque. Pénaliser l'emploi abusif du mors de bride. Interdire les moyens coercitifs, comme le rollkür, à l'échauffement au paddock.

Il faudrait ensuite, et surtout, éviter la contamination des reprises de bas et moyens niveaux. Pour cela, il faudrait d'abord différencier le trot allongé du trot en extension, et ne pas demander cette dernière allure avant les reprises qui impliquent le rassembler. Ensuite, il faudrait pénaliser le placer outré par rapport à l'engagement, ou plus simplement encore privilégier la simple mise sur la main dans les reprises de base.Il faudrait enfin pénaliser les positions non centrées.

Le problème n'est donc pas technique, mais « politique » ; on se heurte à une alliance objective d'entraîneurs, de juges et de cavaliers qui dominent les compétitions de haut niveau, et ce lobby ne sera pas convaincu par des arguments équestres !

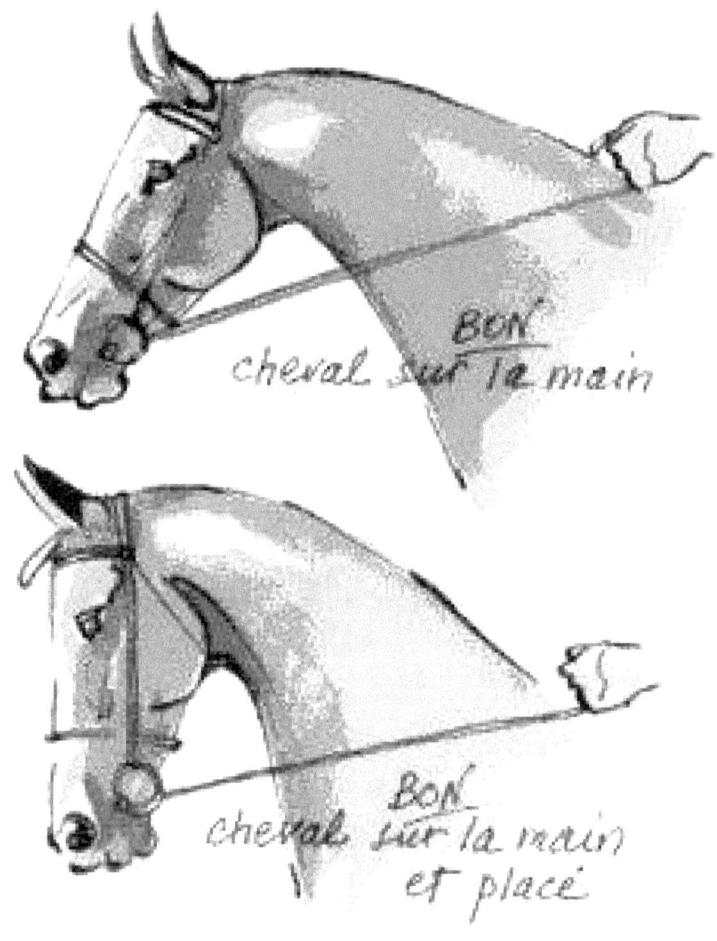

Manuel "Galop 7" de la FFE

<u>26 novembre 2012</u> ·

La recherche du calme à l'obstacle commence par le travail sur les barres au sol que le jeune cheval doit apprendre à enjamber aux trois allures, sans les sauter par peur.(Les cavaletti interviendront plus tard, pour structurer les allures et les cadences régulières).

Il faut aborder les barres au sol lentement, sans aucune précipitation. Le cavalier doit être équilibré en assiette légère, et surtout il doit rendre la main pour laisser le cheval regarder. Les cavaliers ont souvent envie de « soutenir » leur cheval pour éviter qu'il ne se trébuche ... ce qui inévitablement le fait trébucher ! Lorsqu'une distance vient mal sur une barre au sol, le cavalier doit toujours corriger en amplifiant la foulée sur une main posée, plutôt que de raccourcir avec une main qui résiste.

Lorsqu'un exercice comporte plusieurs barres successives, leur écartement doit correspondre d'abord à l'action naturelle du cheval, pour être ensuite diminué ou augmenté afin de se rapprocher des normes habituelles.

Il existe une multitude d'exercices possibles, jusqu'à des tracés de parcours complets.A chacun de laisser cours à son imagination, mais on conservant l'objectif ; intéresser le cheval, et développer son habilité, dans le plus grand calme.

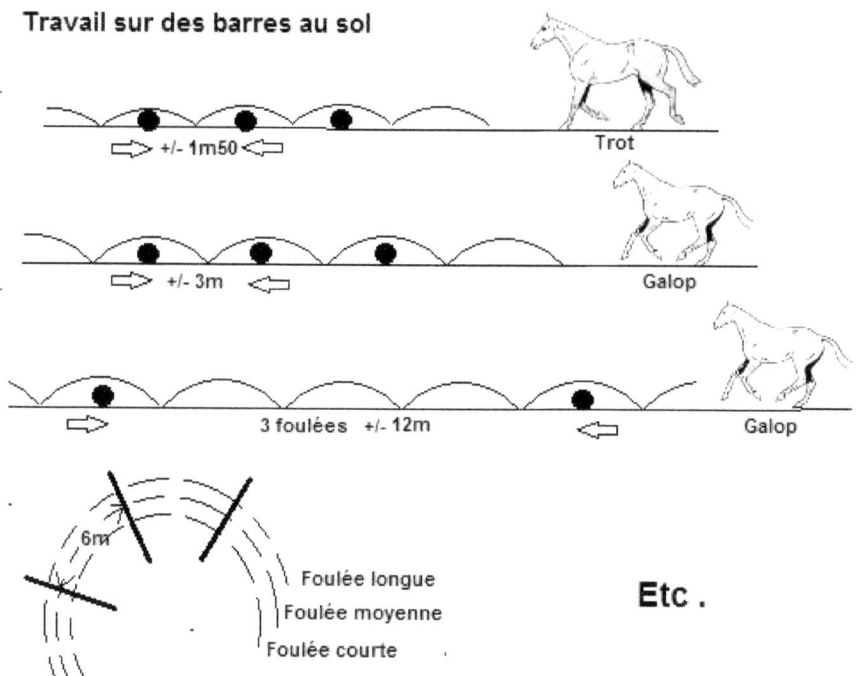

<u>27 novembre 2012</u>

Le gamin qui a peur de descendre à la cave court dans l'escalier pour avoir plus vite fini ; le cheval qui court sur l'obstacle est dans le même état d'esprit !

La précipitation vers la barre n'est pas une désobéissance mais un signe de peur. C'est parfois le souvenir d'un mauvais saut, mais le plus souvent c'est le cavalier qui a provoqué cette peur, par des fautes de main à l'abord (le cheval, gêné par ces fautes, croit qu'il n'aura pas la liberté nécessaire pour sauter en sécurité).C'est l'amorce d'un cercle vicieux, plus le cavalier le retiendra et plus il aura peur. Il s'énervera de plus en plus, allant jusqu'à arracher les rênes pour se libérer.

Pour corriger cela il faut demander des transitions à l'abord. Venir au trot, repasser au pas, puis reprendre le trot en posant la main.Ensuite des transitions galop, trot, galop.Et enfin, des transitions galop ordinaire, galop rassemblé, galop ordinaire.Reprendre progressivement après le saut, toujours sur quelques foulées droites, puis si nécessaire sur le cercle.

Le tact est de demander la transition vers l'allure inférieure avant que le cheval ne commence à tirer vers la barre, et de poser la main en reprenant l'allure supérieure à l'abord.

La progression est de faire ce travail de plus en plus tôt, en augmentant le nombre des foulées main posée à l'abord.

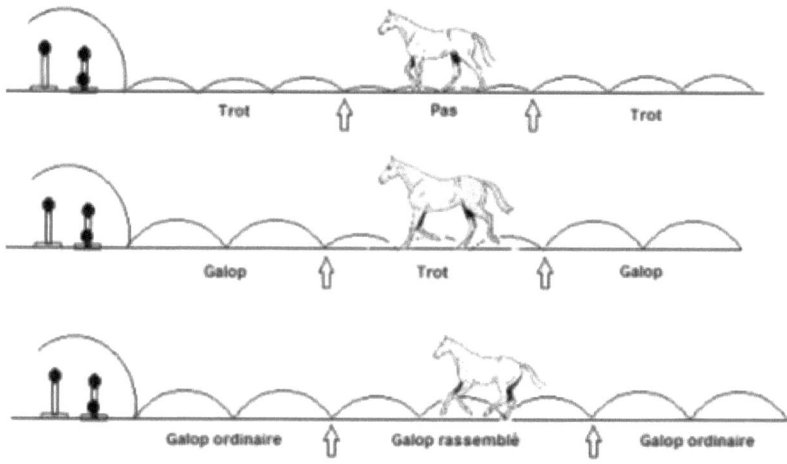

28 novembre 2012 ·

Les fautes de géométrie perturbent l'équilibre et par conséquent le calme.
Le tracé des exercices, des enchaînements ou des parcours, doit pouvoir être reporté sur une feuille de papier avec une règle et un compas ; uniquement des lignes droites et des courbes régulières, pas de flottement ou d'inversion d'incurvation.

La ligne de saut est le chemin que parcourt le cheval avant et après son obstacle. Au début cette ligne doit toujours suivre à l'abord la perpendiculaire au milieu de l'obstacle, et se prolonger dans le même axe à la réception. A la sortie d'un tournant le cheval ne doit jamais dépasser la ligne de saut.

Plus tard on pourra aborder en biais ou sur des courbes, et choisir un axe différent à la réception. Le cheval doit en tous cas suivre les indications du cavalier ; dans un espace restreint, comme un manège couvert, le cheval repère très vite le sens du tournant qui suivra son saut, et, si le cavalier n'y prend pas garde, il anticipera en tombant sur l'épaule intérieure par rapport à ce tournant.

Au début, avec des jeunes chevaux ou des jeunes cavaliers, il peut être utile de concrétiser la ligne de saut par des cônes ou des barres en couloir.

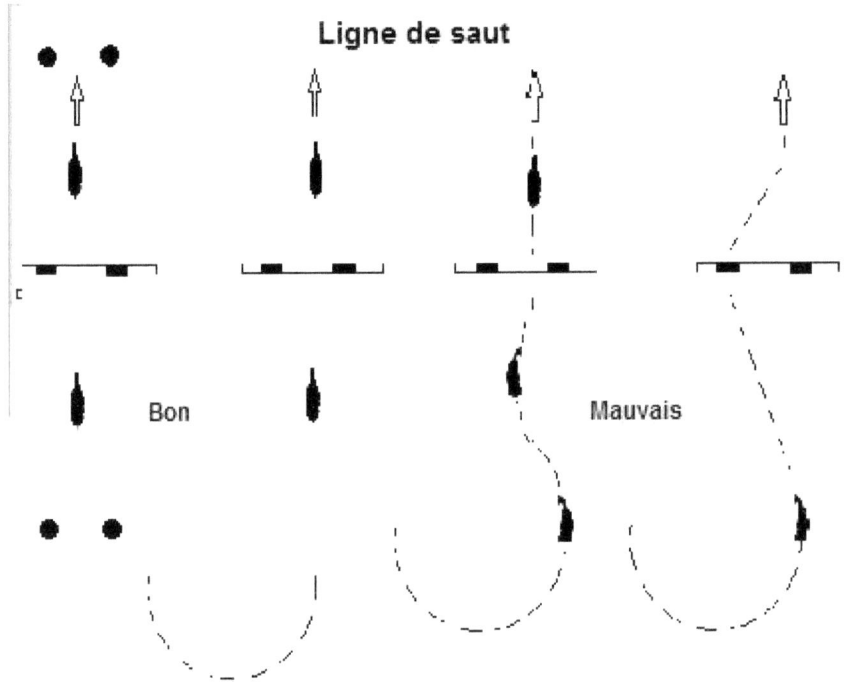

29 novembre 2012 :

Le calme avant le saut doit être confirmé par le calme après, mais la notion de « reprendre » à la réception doit être bien comprise. 'est l'équilibre qui est en cause, et non la vitesse ; le ralentissement, ou les transitions vers les allures inférieures ou l'arrêt, sont les moyens de rééquilibrer le cheval mais ne sont pas un objectif en soi. En concours, c'est le plus rapide qui gagne ; c'est le déséquilibre qui est un défaut, pas la vitesse.

Les transitions doivent être progressives et justes ; il vaut mieux un arrêt correct 15 foulées après le saut qu'un arrêt campé et en défense 4 foulées après. L'idée qu'en arrêtant brutalement le cheval assez souvent, directement après le saut, on finira par lui faire comprendre qu'il doit se rééquilibrer est particulièrement idiote ! Personne, et surtout pas un cheval, ne peut apprendre à bien faire en faisant mal ! En outre, le cheval repris brutalement à la réception croit qu'il est puni pour avoir sauté : il va se sauver de plus en plus après l'obstacle.

S'il s'avère utile, ou nécessaire, de reprendre sur un cercle pour faciliter les transitions, ce cercle ne devra commencer que 3 ou 4 foulées après la réception, pour garder la notion de ligne de saut.

Travail du calme et de l'équilibre, à la réception.

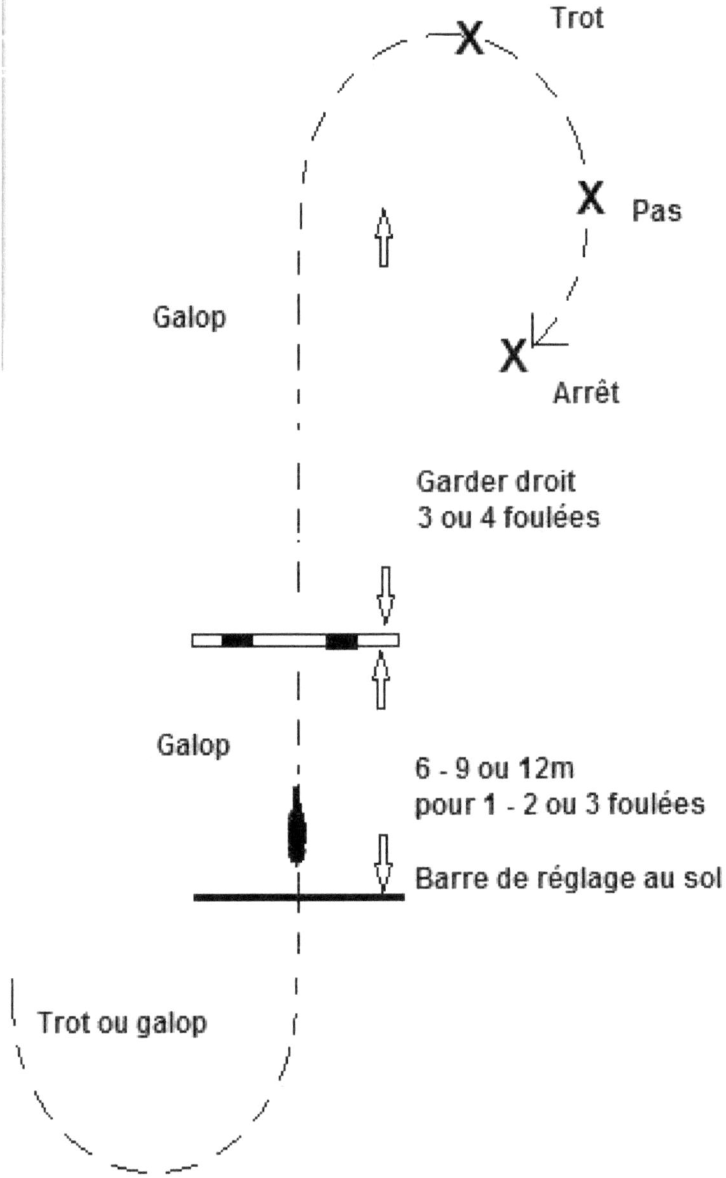

X Trot

X Pas

X Arrêt

Galop

Garder droit
3 ou 4 foulées

Galop

6 - 9 ou 12m
pour 1 - 2 ou 3 foulées

Barre de réglage au sol

Trot ou galop

30 novembre 2012 ·

La mise sur la main est la porte qui s'ouvre vers le perfectionnement, dans toutes les disciplines.

Lorsque le cheval est sur la main, il suffit d'avoir de l'organisation, du tact, du temps et de la patience, pour arriver au rassembler. Mais il faut le mettre sur la main ! Le cavalier, confronté à un poulain raide dans son dos et la tête en l'air, se demande parfois par quel bout il va prendre le problème !

Le cavalier moyen n'a qu'une seule voie à sa disposition et elle implique trois conditions ; une assiette légère, une cadence lente et une incurvation. En se portant légèrement en avant (assiette légère) le cavalier va poser au cheval un problème d'équilibre qu'il cherchera d'abord à régler par la précipitation. S'il en est empêché (cadence lente) il ne lui restera d'autre solution que de relever sa base d'encolure et d'arrondir son dos. Dès lors, on pourra entrer dans le processus normal, un engagement des postérieurs qui entraîne progressivement un relèvement du bout de devant ; mais comme l'équilibre est encore fragile, c'est l'incurvation, sur le petit cercle, qui provoquera mécaniquement ce premier engagement.

Le cavalier confirmé a d'autres moyens pour obtenir la mise sur la main.

Le premier, que je n'aime pas parce qu'il est difficile et dangereux, est l'effet d'ensemble. La main se bloque tandis que les jambes et l'assiette exercent une pression suffisante pour faire céder le cheval. Le moyen est difficile car si la main n'est pas fixe, et si les aides propulsives ne sont pas supérieures à la résistance du cheval, il ne fonctionne pas. Il est dangereux parce que le cheval est contraint à céder et que cela écorne son moral. En tout état de cause, si on choisit d'utiliser l'effet d'ensemble, la cession de nuque et de mâchoire doit être immédiatement récompensée par une extension d'encolure.

L'autre moyen consiste à ne pas laisser le cheval prendre appui, par de légers demi-arrêts sur la commissure des lèvres, et à mobiliser les hanches dans les exercices de 2 pistes, au pas d'abord et au trot ensuite.
C'est du bauchérisme, mais de la seconde manière. Le cheval n'est pas contraint entre la main et la jambe, mais équilibré entre le respect qu'il a de l'une et de l'autre. La nuance est importante, et ne peut prendre son sens qu'avec un cheval dynamique. Ce moyen ne peut donc s'appliquer qu'à un cheval qui a assez de sang, et par un cavalier qui a assez de tact, car l'encolure ne peut à aucun moment se rétracter, sous peine de nuire fortement à l'impulsion.

Bref, à moins d'être vraiment sûr de soi, il vaut mieux se limiter à la première méthode exposée, qui prendra plus de temps mais qui sera sans danger !

1 décembre 2012 ·

Lorsque la rectitude des abords et le calme, avant et après le saut, sont suffisamment acquis, on peut commencer le travail sur les lignes d'exercices.

Pour le jeune cheval, monté par un cavalier assez confirmé, les objectifs seront de renforcer le calme, de coordonner les gestes et de régulariser les foulées. Pour le cavalier débutant, monté sur un cheval avec assez de métier, ils seront de confirmer la position centrée, de développer le liant de l'assiette, et de poser la main.

Les exercices s'enchaînent à une ou deux foulées. Les obstacles sont petits, 70/80cm ; ils doivent être faciles, mais suffisants pour que le cheval ne les néglige pas. Avec les jeunes chevaux, le plus important est de commencer sur des distances qui correspondent à leur action, pour ensuite les diminuer ou les augmenter pour revenir aux normes. Les entrées et les sorties de ligne doivent se faire dans le calme, en reprenant si nécessaire les procédés utilisés sur les obstacles isolés.

Idéalement ce travail devrait se faire en leçon individuelle, mais ce n'est pas toujours possible dans les cercles. S'il se fait en cours collectif, il faut évidemment que le groupe soit assez homogène pour que les distances puissent convenir à tous !

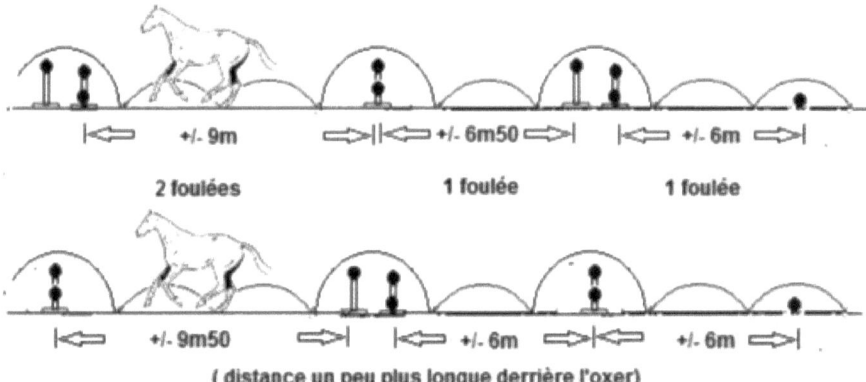

(distance un peu plus longue derrière l'oxer)

<u>3 décembre 2012</u> ·

La première étape du plan de formation, dans l'apprentissage de l'obstacle, sera de rendre l'élève (cheval ou cavalier) capable d'exécuter un parcours simple avec une bonne géométrie, dans une cadence constante et dans des foulées aussi égales que possible.

Lorsque la régularité dans les lignes d'exercices sera suffisante, on pourra commencer les enchaînements sur des parcours faciles, composés d'obstacles isolés (70/80cm) L'objectif principal sera de retrouver après chaque obstacle, et avant le saut suivant, le calme, la cadence et la qualité du galop du début de parcours.

Le parcours sera d'abord entrecoupé de petits cercles entre deux sauts, avec sur le cercle une double transition, galop/trot (ou pas) et reprise du galop. Répéter au besoin le cercle et ne repartir sur l'obstacle suivant qu'après avoir obtenu le calme. Ensuite, le parcours sera effectué sans les cercles, avec des transitions sur le tracé.Enfin, l'enchaînement se fera en restant dans le même galop.

On pourra placer des barres de réglage au sol devant les obstacles, à +/- 6 ou 9m (1 ou 2 foulées), pour pouvoir se concentrer sur la géométrie du tracé et sur les transitions.

L'ensemble du travail peut demander plusieurs séances.

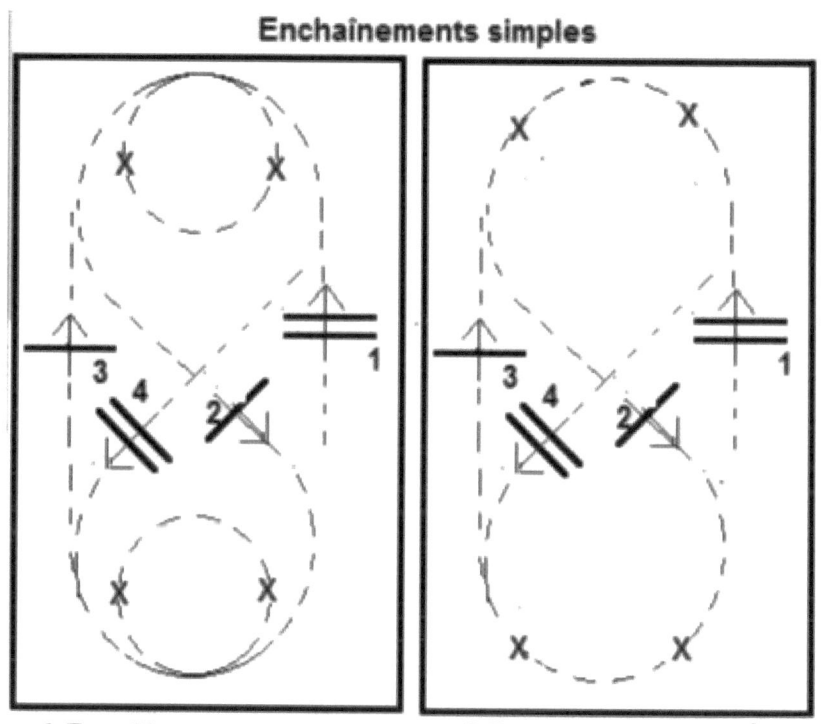

1. Transitions sur une volte
2. Transitions sur le tracé
3. Enchaîner sans transition dans le même galop

4 décembre 2012 ·

L'élève novice (jeune cheval ou cavalier débutant) destiné au complet aura suivi la même progression de base que pour le CSO, avec en outre l'accoutumance à la promenade et au terrain varié. A ce stade, il pourra faire connaissance avec les principaux profils d'obstacles naturels.

Première règle absolue pour cette initiation au cross ; ne jamais surprendre ni faire peur, laisser le temps de voir ! Deuxième règle ; la seule option est d'aller en avant, n'accepter ni dérobé ni demi-tour.

Les obstacles doivent donc être suffisamment petits pour pouvoir être franchis même de pied ferme. On abordera au pas d'abord, puis au trot, des contrebas de 60/80cm au maximum, des fossés de 80 à 100cm de large au maximum, et des entrées d'eau par un plan incliné, et au trot d'abord, puis au petit galop, des contre-haut, des haies et des troncs d'arbre de 60/80cm.

L'idéal est de disposer d'un mini-cross, et, pour les jeunes chevaux, de se faire accompagner d'un cheval professeur qui les précèdera d'une dizaine de mètres.

5 décembre 2012 ·

Après le manque de contrôle des allures, ce sont les fautes de conduite qui provoquent le plus souvent les déséquilibres.Il faut donc attacher beaucoup d'importance et de temps de travail à la géométrie des tracés et à la bonne gestion des courbes.En commençant d'abord par éviter ce qu'il ne faut jamais faire ; tirer sur la rêne intérieure !

Un cavalier n'est jamais qu'un ancien piéton !Et malheureusement nos réflexes de piéton sont tous mauvais ; nous tirons à gauche pour aller à gauche et le cheval va à droite, nous tirons pour ralentir et le cheval accélère, nous nous penchons en avant pour partir loin de l'obstacle et le cheval vient dans le pied.Bref, nous n'avons pas de chance !

Sur le thème du tourner, il faut se répéter sans cesse que le cheval ne tourne pas en déplaçant le bout de son nez, mais en déplaçant ses épaules.

Lorsque le cavalier résiste sur sa main gauche et relâche sa main droite, le cheval bascule dans le plan vertical, charge l'épaule droite et part à droite, avec en prime un basculement de la nuque et une déviation des hanches.

« La rêne directe est la rêne des cavaliers, la rêne contraire est la rêne des écuyers ! » : Une façon polie de dire que tant qu'on est mauvais on utilise surtout la rêne intérieure, et que, lorsqu'on devient un peu meilleur, on utilise surtout la rêne extérieure.

Effets d'une résistance de la rêne intérieure sur le plan vertical

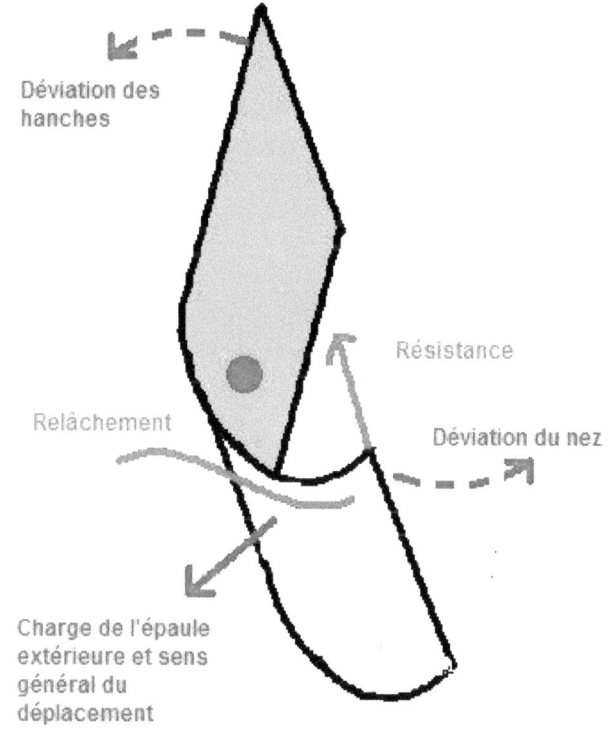

6 décembre 2012 ·

J'ai eu, il y a des années, un cavalier qui avant de monter à cheval avait fait des courses cyclistes. Il avait ses qualités et ses défauts comme tous les élèves, mais il avait surtout un sens naturel du tracé et de la gestion des courbes. C'est normal, puisque le cheval est soumis, dans un tournant rapide, aux tensions des forces centrifuges et centripètes, comme n'importe quel mobile.

Il faut donc gérer le tournant à cheval comme on le fait en voiture ; tracer la courbe en entrant large et en sortant à la corde, équilibrer en entrant et augmenter la propulsion dans la courbe. Le jeune cavalier et le jeune conducteur font l'inverse ; ils rentrent trop vite et à la corde, essayent de ralentir quand ils se sentent soumis à la force centrifuge, et dérapent vers l'extérieur.

Ces tensions sont beaucoup moins perceptibles dans le travail sur le plat, mais elles existent néanmoins, d'où le rôle essentiel de la rêne extérieure régulatrice et de la jambe extérieure qui garde les hanches.

7 décembre 2012 ·

La courbe que le cheval emprunte dans son tournant est une petite partie d'un cercle dont le diamètre doit être compatible avec le type de foulées souhaitées par le cavalier pour préparer son abord.

Ainsi, un doubler ne comporte qu'une petite courbe correspondant à une volte de 6 à 8m de diamètre. De deux choses l'une, ou le cheval entre assez rassemblé en fonction de cette courbe, et il ressort dans des foulées courtes qui seront compatibles avec le saut d'un vertical mais pas avec celui d'un oxer, ou il entre dans son tournant sans être rassemblé et il en ressortira déséquilibré et incapable de faire un bon saut.

Pour maintenir une foulée moyenne qui prépare le saut d'un oxer, il faut commencer à tourner plus tôt et tracer une courbe plus large.

Le pense-bête : tourner carré devant un vertical et arrondir le tournant devant un oxer.

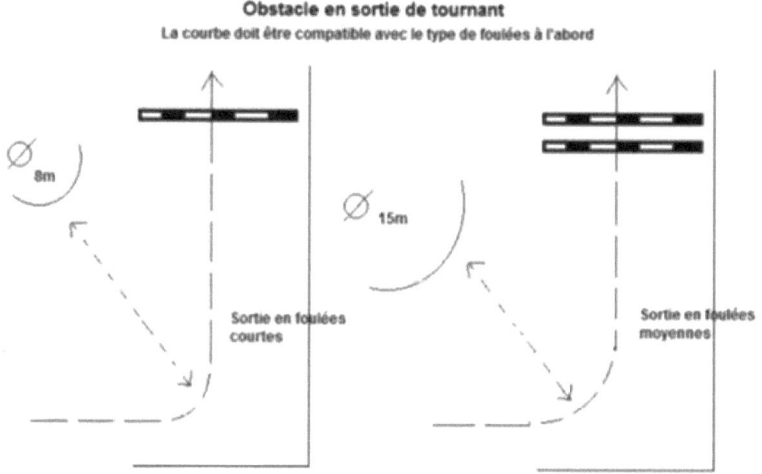

7 décembre 2012 ·

Il y a peu de vérités qui ne souffrent aucune exception, ni aucun cas particulier !

Vous en voulez une ? L'écuyer doit avoir le tact d'agir avec à propos et mesure !ilà un message incontestable … mais qui n'apporte rien à personne ; l'écuyer le sait et c'est inutile de le lui redire, le cavalier normal le comprend mais n'en tire aucune indication pratique pour améliorer son travail, et pour le cavalier débutant c'est du chinois !

Le rôle du moniteur est de délivrer le message le mieux adapté à son élève, en fonction, d'une part, de son âge, de son niveau et de sa culture, et, d'autre part, des objectifs à court, moyen et long terme, qu'il s'est fixé.

Que des cavaliers très avertis se querellent sur le sens d'un mot, c'est amusant et même enrichissant, mais pour le cavalier normal le diable est comme toujours dans les détails !Il faut donner au jeune cavalier des indications claires, qui seront forcément un peu rudimentaires, et éveiller progressivement son sens critique.Comme dans n'importe quel enseignement.

8 décembre 2012 ·

Un cercle régulier, et bien exécuté, favorise le maintien de foulées constantes : Une spirale « rentrante », dirigée vers le centre, va favoriser les foulées courtes et le rassemblé, tandis qu'une spirale « sortante », dirigée vers l'extérieur, favorisera les foulées longues et l'amplitude.

Avec un cheval assez confirmé, chez lequel les transitions longitudinales passent bien, le cavalier pourra, à volonté et sur l'ensemble du parcours, demander des foulées courtes, moyennes ou longues.

Avec un jeune cheval le tracé des courbes pourra faciliter les abords, en jouant sur les forces centripètes et centrifuges ; une courbe rentrante aidera à raccourcir les foulées et préparera le saut d'un vertical, une courbe normale maintiendra les foulées moyennes adaptées à un saut de volée, et une courbe sortante facilitera les foulées longues et le saut d'un large.

Inversement, le tracé des courbes pourra être fautif s'il est involontaire ou inadapté ; en particulier, aborder un oxer sur une courbe rentrante.

Utilisation de la courbe pour faciliter les abords

Cercle   Spirale "rentrante"   Spirale "sortante"

Courbe "rentrante"   Courbe "sortante"

Courbe normale

<u>9 décembre 2012</u> ·

« Dans le trot allongé, le cheval couvre le maximum de terrain. Conservant la même cadence, il allonge ses foulées au maximum possible, grâce à une très grande impulsion de l'arrière-main. Le cavalier permet au cheval, restant « dans la main », de descendre et d'allonger son encolure, sans chercher un point d'appui sur le mors, afin d'éviter une allure relevée. Les sabots antérieurs ne doivent pas se poser en arrière de leur projection sur le sol. Le fonctionnement des antérieurs et des postérieurs doit conserver sa similitude (son parallélisme) dans l'extension. Tout le mouvement doit être bien équilibré, et la transition au trot rassemblé doit être exécutée en douceur en prenant davantage de poids sur l'arrière-main. »

Ce texte est excellent, il n'y a pas un mot à changer. J'aurai bien aimé l'écrire, mais il n'est pas de moi …. C'est la définition officielle du trot allongé dans le règlement de dressage de la FEI !?

Alors il faudra qu'un spécialiste m'explique comment, en partant de ce texte, on arrive aux cotations actuelles dans les épreuves de haut niveau alors qu'aucune des prescriptions n'est respectée. Lorsque le cheval n'allonge pas son encolure, cherche un point d'appui sur le mors, et relève l'allure, lorsque les sabots antérieurs se posent en arrière de leur projection sur le sol, et que le fonctionnement des antérieurs et des postérieurs ne conserve pas sa similitude (son parallélisme) dans l'extension, que peut-on encore faire comme faute ?

10 décembre 2012 ·

Un bon principe de travail sera de ne poser à l'élève (jeune cheval ou jeune cavalier) qu'un seul problème à la fois ; en pédagogie, une question bien posée ne devrait induire qu'une seule réponse correcte

Ainsi, par exemple, si le moniteur veut faire sauter un obstacle plus gros que d'habitude pour tester la franchise ou les moyens, il le fera sur une bonne distance, réglée par une barre au sol, une croix, ou un obstacle facile d'entrée de ligne. Inversement, si le travail consiste à améliorer l'abord ou à préciser une géométrie, il se fera sur un obstacle facile.

Le principe est de laisser l'élève se concentrer sur l'objectif du cours, sans se laisser distraire par des difficultés secondaires. Dans la mesure du possible, le moniteur doit organiser son exercice de telle sorte que le problème qu'il pose ne puisse être résolu qu'en utilisant la compétence qu'il veut développer.

Un seul problème à la fois !

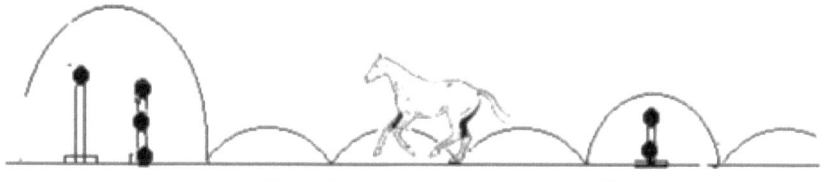

Obstacle important - distance réglée

Distance à trouver - obstacle facile

11 décembre 2012 ·

Lorsque le respect des lignes de saut est suffisamment confirmé dans les abords en ligne droite, on peut commencer l'apprentissage des abords en biais.

Un bon exercice est de tracer un huit de chiffre sur une barre en A en diminuant progressivement l'angle formé par l'obstacle et la ligne de saut.
En dessous de 45° le risque de dérober est trop important.

Il faut soigner la géométrie, avec un tracé aussi symétrique que possible de part et d'autre de l'obstacle. On peut visualiser ce tracé par des cônes ou des barres au sol. Au début, on peut intercaler des cercles pour rééquilibrer et calmer le cheval, pour ensuite tracer le huit directement.

L'assiette va jouer un rôle dans le contrôle : Dans le biais de gauche à droite, par exemple, l'assiette se déplacera à gauche dans les 2 ou 3 dernières foulées (vers l'angle aigu) pour empêcher le dérober à droite.
Si le cheval ne retombe pas sur le bon pied, il faut bien entendu changer de pied, ou faire une transition galop faux/trot/galop juste, avant de continuer.

Travailler sur des séquences de 4 à 6 sauts, puis laisser reposer le cheval.

11 décembre 2012 ·

A tous ceux qui veulent suivre cette formation pas à pas, il faut rappeler régulièrement l'importance des prérequis. L'apprentissage d'une nouvelle compétence s'appuie nécessairement sur un socle d'autres compétences acquises au préalable.

L'instruction est comme la construction d'un gratte-ciel ; on ne peut pas commencer un nouvel étage avant que l'étage en-dessous ne soit solidement ancré.

Lorsqu'on subit un échec, ou simplement qu'on rencontre trop de difficultés dans un travail, la première question qu'il faut donc se poser est : Est-ce que les prérequis sont suffisamment confirmés ? Et dans le cas contraire, ne pas hésiter à revenir en arrière.

Un conseil pour ceux qui veulent aller vite : Consacrez la moitié de votre temps de travail à consolider les bases, car c'est toujours de bases insuffisantes que viennent les difficultés !

12 décembre 2012 ·

Le cheval et le cavalier doivent apprendre à se concentrer sur leur ligne de saut en ne fixant que la partie de l'obstacle où le franchissement va se faire.

Dans l'exemple du dessin, les deux doubles A et B sont identiques (1 foulée – 7m50) si on regarde uniquement le centre des barres. Cette faculté de faire abstraction de tout ce qui n'est pas la ligne et l'endroit du saut est importante pour le cheval de CSO, mais est absolument primordiale pour le cheval de complet chez qui elle constitue la base même de sa compétence, qui permettra au cavalier de négocier les abords et les réceptions difficiles, les combinaisons décalées, et les obstacles étroits.

Perfectionner la ligne de saut

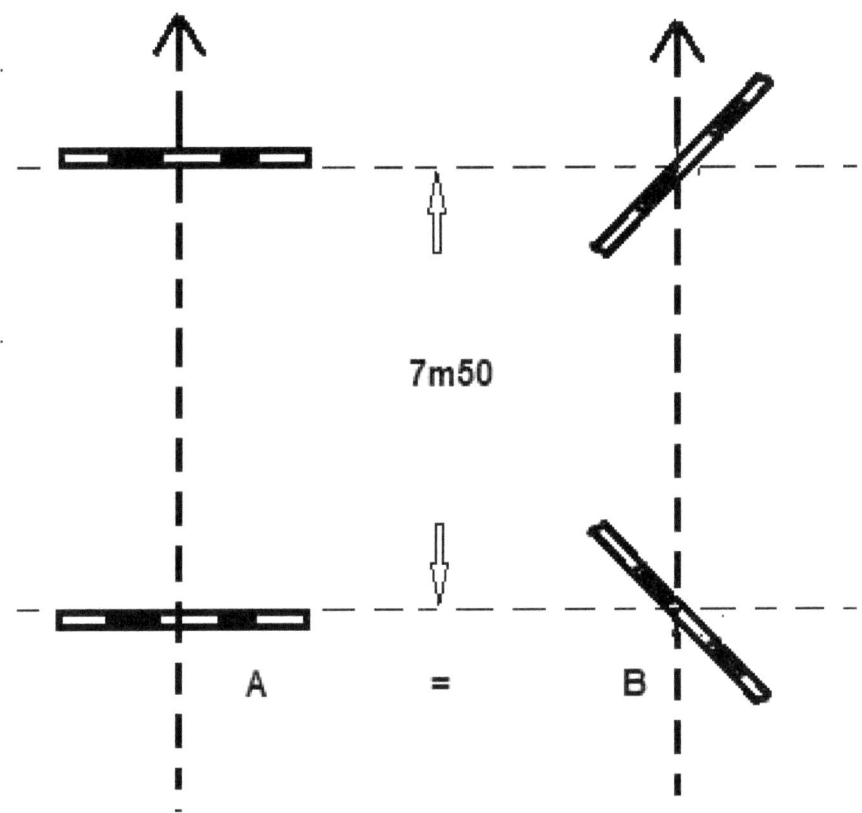

Abords en biais

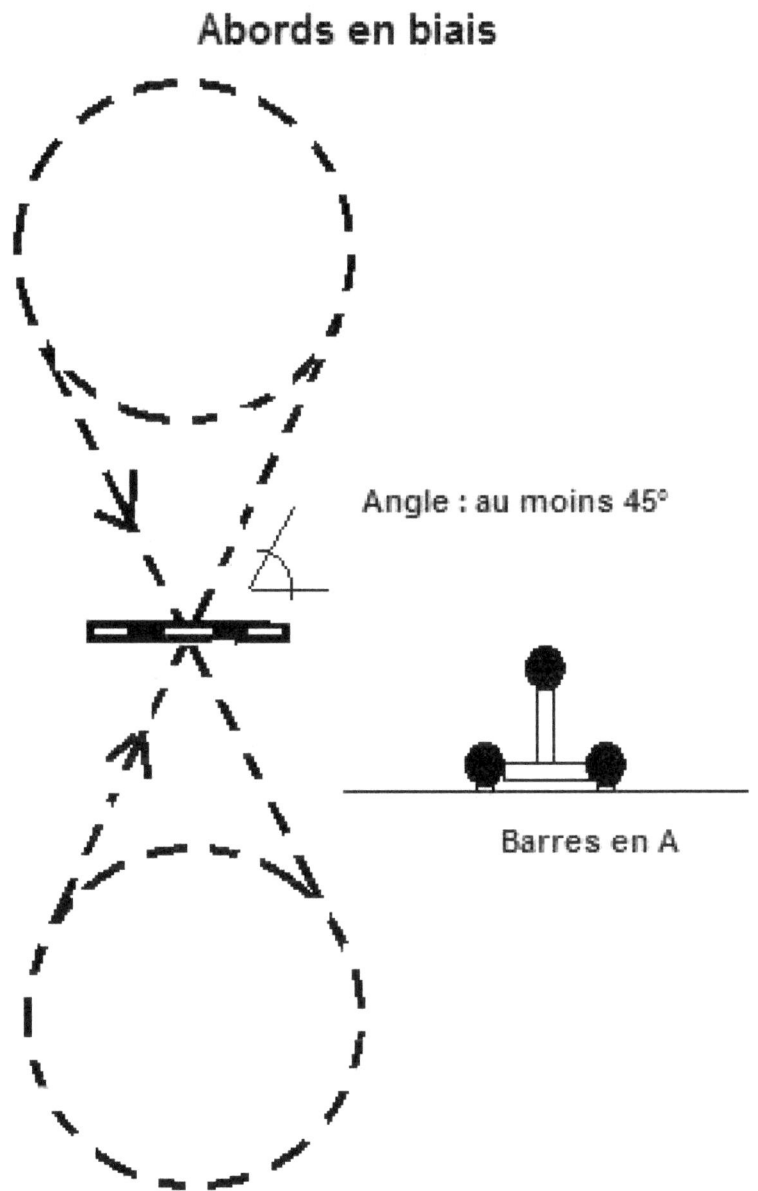

Angle : au moins 45°

Barres en A

13 décembre 2012 ·

Avec un jeune cheval, ou un jeune cavalier, la géométrie du tracé pourra être utilisée pour aménager une distance, soit pour remettre juste un cheval qui a trop, ou trop peu, d'amplitude, soit pour modifier le nombre de foulées.

Le prérequis d'une telle leçon est le respect de la ligne de saut, avant et après l'obstacle, droit et en biais. On pourra dans un premier temps utiliser des cônes pour faire visualiser les trajectoires souhaitées

Avec les chevaux de CSO ce procédé sera moins utilisé lorsque les transitions longitudinales passeront mieux. Il continuera à être travailler, par contre, avec les chevaux de complet qui sont souvent amenés à négocier des combinés, ou des options, en restant dans leur galopade.

Utiliser le tracé pour aménager une distance

14 décembre 2012 ·

Lorsque les principes de la ligne de saut et du point de franchissement seront suffisamment acquis, on pourra initier les élèves aux directionnels en proposant des combinaisons dans des axes inhabituels et même improbables ; la seule chose qui doit, et qui va très vite, intéresser le jeune cheval ou le jeune cavalier est la distance entre les deux sauts aux endroits de franchissement.

Dans l'exemple choisi, l'exercice se fait avec des barres de 4m de long, le droit du centre est décalé de 2m. Ainsi, on peut proposer le saut d'un vertical isolé, d'une ligne oxer/oxer en 3 foulées à 13m, des doubles en biais oxer/droit ou droit/oxer en 1 foulée à +/- 7m20, et même d'un triple court oxer/droit/oxer à 6m50.

Si on consacre du temps à ce travail dans l'apprentissage du complet, on le néglige souvent avec les chevaux de CSO ; on a tort car il intéresse, et souvent même amuse, les chevaux et il développe leur attention et leur réactivité.

Initiation aux directionnels

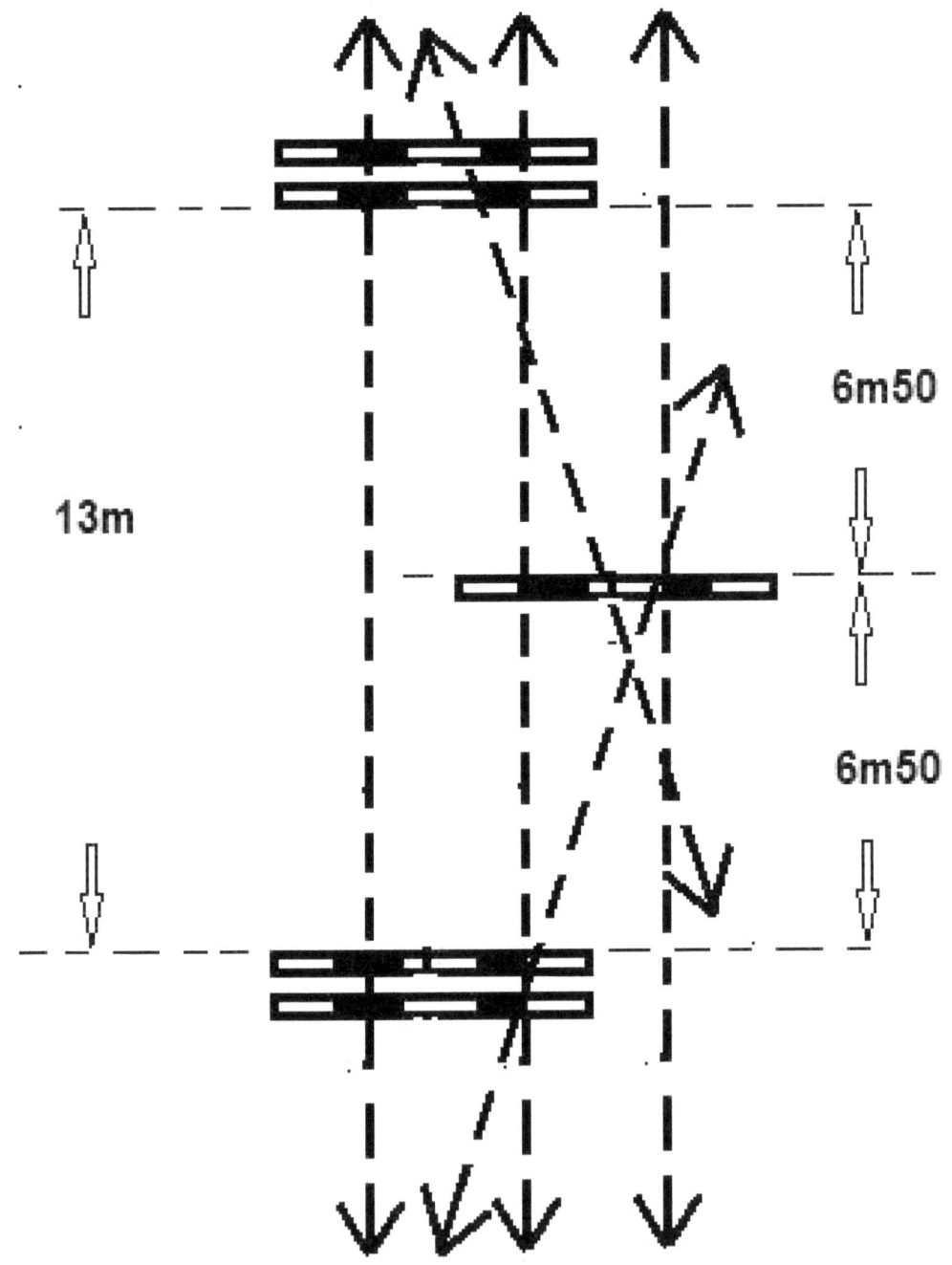

15 décembre 2012 ·

Les cavaliers qui ne font pas de cross sont toujours étonnés de voir qu'on y présente aux chevaux des obstacles étroits, de 1m20 de front et parfois moins. En outre, beaucoup d'obstacle qui présentent à première vue un large front, mais qui ne peuvent être franchis que dans une petite fenêtre, ne sont que des étroits déguisés.

En fait, le saut d'un étroit n'est que l'application du respect de la ligne de saut et de l'attention portée sur le point de franchissement. En pratique, cela réclame 2 choses ; que le cheval soit tendu devant le cavalier … et qu'il comprenne ce qu'on attend de lui !

Sauter un étroit avec un cheval qui flotte des épaules ou des hanches est impossible : Il faudra toujours reprendre avant, pour se laisser une marge de progression et aborder en foulées légèrement croissantes. Une règle simple ; plus l'obstacle est étroit et plus il faut venir en recul d'équilibre, derrière le cheval.

Pour faire comprendre au cheval, il faut être progressif et l'amener à fixer toute son attention sur l'étroit.Dans l'exemple du dessin, l'obstacle est d'abord encadré de 2 chandeliers et de 2 barres en biais qui forment un couloir : on aborde au petit galop avec une barre de réglage à +/- 6m.Ensuite, on dépose au sol les barres qui encadraient l'obstacle en les écartant.Puis, on enlève les barres qui traçaient un couloir large, et on écarte les chandeliers.Enfin, on supprime les chandeliers et la barre de réglage pour aborder l'étroit seul.

Un bon cheval de cross apprend très vite à aller de lui-même sur les étroits comme un poney de polo court après la balle !

Initiation aux obstacles étroits

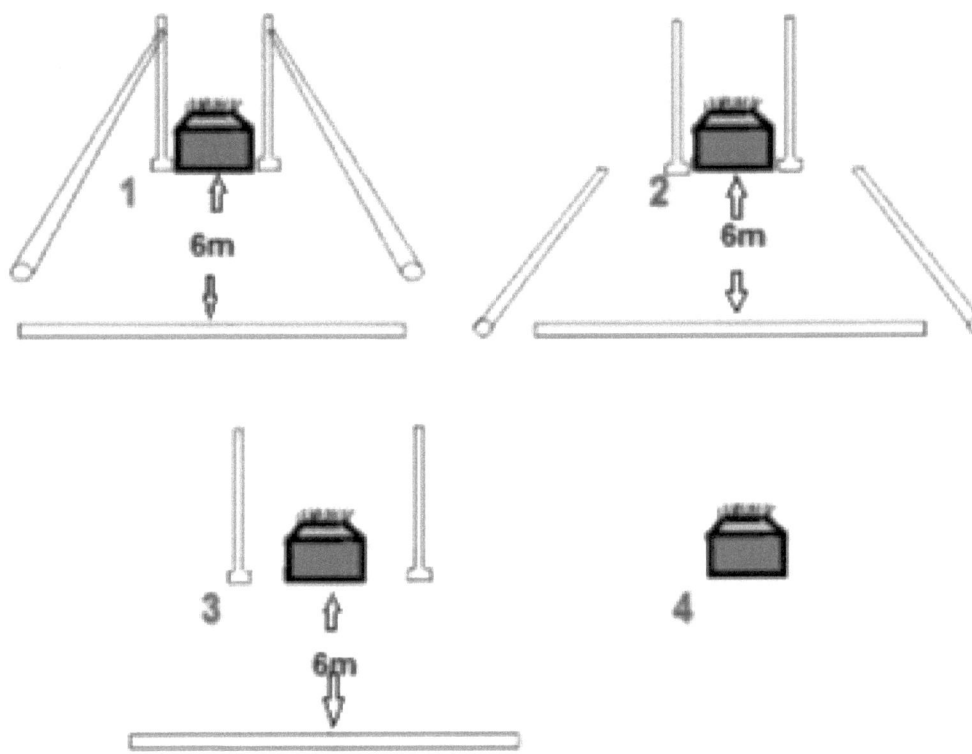

17 décembre 2012 ·

On commet souvent l'erreur d'attendre que le cheval soit suffisamment dressé pour lui présenter des obstacles qui nous paraissent spéciaux.

Pour lui, sauter une haie, un tronc d'arbre ou un fossé c'est quelque chose de relativement normal ; sauter un bidet en plastique bleu ou un caisson rouge c'est anormal ... mais pas plus qu'une barre jaune et blanche ! Attendre trop longtemps pour le familiariser à ce type d'obstacles c'est risquer de raviver le stress.Il faut habituer, le plus rapidement possible, le jeune cheval de CSO à franchir des petits obstacles de toute sorte qu'il peut aborder aux allures lentes.

Quant au jeune cheval, ou au jeune cavalier, destinés au complet, c'est plus simple encore ; rien ne doit les étonner et tout doit se sauter ! La seule limite à se fixer c'est la sécurité, ne pas leur présenter des obstacles sur lesquels ils pourraient se blesser. Ils ne doivent s'intéresser qu'à la hauteur et à la largeur au point de franchissement, à la ligne de saut et à la distance dans les combinés ; le reste c'est de la décoration !

Obstacles spéciaux en cross : rien n'étonne, tout se saute !

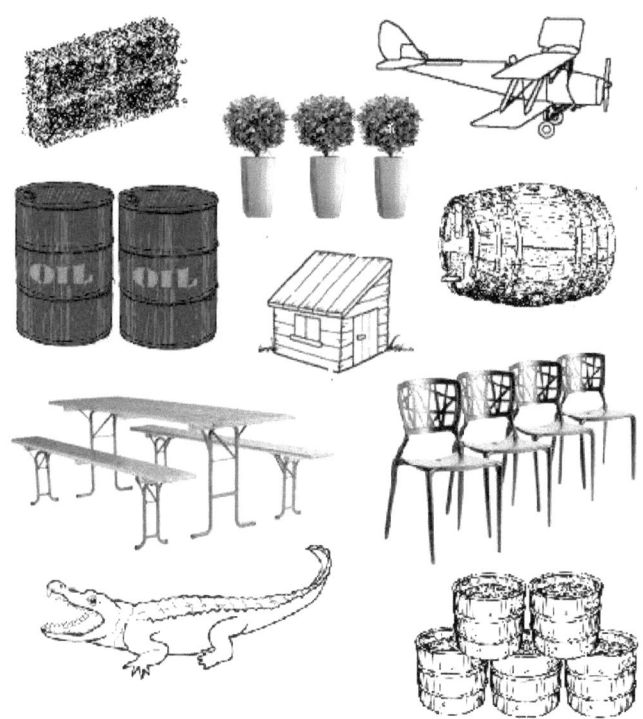

18 décembre 2012 ·

La trajectoire normale tracée par le cheval est globalement semi circulaire : la hauteur de la trajectoire à son apogée est à peu près égale à la moitié de la distance entre le point de battue et le point de réception.
(Le cheval se réceptionne en fait un peu plus loin qu'il ne prend sa battue)

Cette trajectoire, dite « de volée », englobe presque tous les profils d'obstacles dans les catégories inférieures (jusqu'à 1m/1m10).

On voit que pour la même trajectoire la battue se prend assez loin du pied du vertical, un peu plus près d'un cube, plus près encore d'un oxer, et dans le pied d'un spa ; ce qui explique les différentes distances dans les doubles et triples, en fonction des obstacles.

Cette trajectoire de volée est favorisée par un abord en foulées normales.
Elle correspond très bien à l'ancienne consigne « Tendre et attendre sans détendre) qui s'applique encore très bien aux petites catégories.

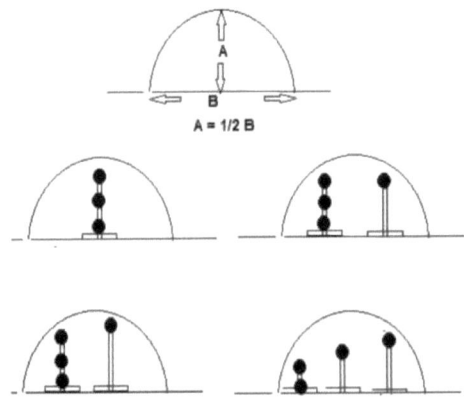

19 décembre 2012 ·

La trajectoire de volée n'est adaptée que jusqu'à une certaine limite. Pour sauter de volée un vertical de 1m30, par exemple, le cheval doit tracer une trajectoire d'au moins 3m, entre le point de battue et le point de réception, ou pour sauter de volée un oxer de 1m10 sur 1m60 de large l'apogée de sa trajectoire devrait se situer à 1m50. C'est possible, mais avec un gaspillage d'énergie inutile par rapport aux obstacles.

Le cheval va donc optimiser ses trajectoires en franchissant le vertical sur une trajectoire plus haute mais rétrécie à la base, et l'oxer sur une trajectoire plus basse mais élargie à la base.

Le cavalier pourra intervenir sur ce choix ; la trajectoire haute sera favorisée par un abord en foulées courtes, ou décroissantes, et la trajectoire basse par un abord en foulées longues, ou croissantes.

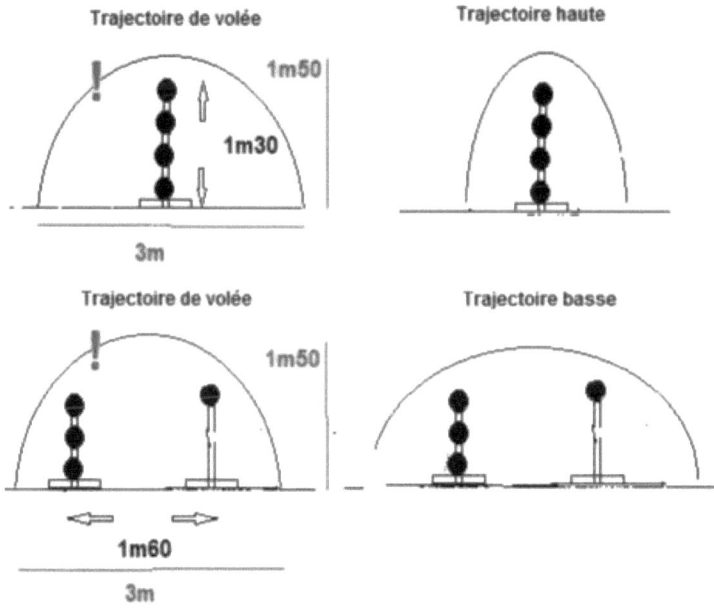

20 décembre 2012 ·

Les chevaux font comme nous ; ils cherchent à utiliser le plus possible leurs points de force, et le moins possible leurs points de faiblesse !

Ainsi certains chevaux, souvent brévilignes, auront plus de facilité à engager leurs postérieurs qu'à les détendre. Ils auront tendance à monter trop leur trajectoire de saut et, de ce fait, sauteront mal les larges.
On corrigera cette tendance en abordant sur des foulées croissantes, en utilisant une barre d'appel, et en travaillant sur des exercices dont on augmentera progressivement les distances.

Inversement, les longilignes, de type pur sang, auront tendance à aplatir leur trajectoire et donc à mal sauter les verticaux. On les travaillera en abordant sur des foulées décroissantes, en utilisant une barre de battue, et des exercices dont on diminuera progressivement les distances.

D'une manière générale, une faute commune aux cavaliers qui montent seuls est de travailler surtout ce que le cheval fait bien ; de ce fait, ils renforcent encore les points de force et affaiblissent encore les points faibles. Il faut bien sûr toujours travailler d'avantage le cheval dans ses points faibles.

Trajectoires inadaptées

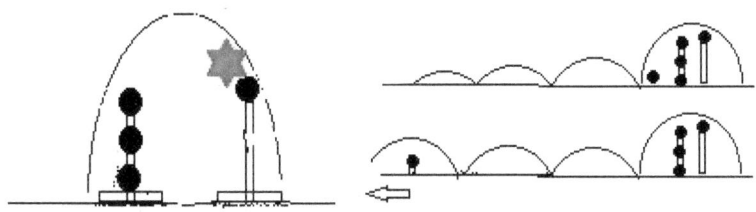

Chevaux à prédominance d'engagement

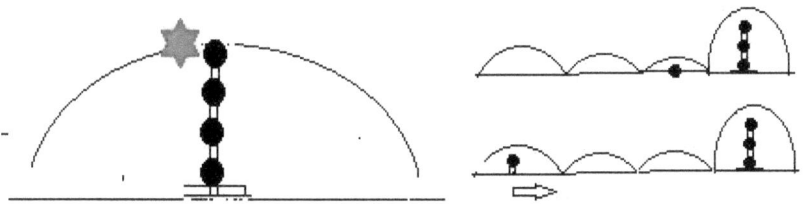

Chevaux à prédominance de détente

21 décembre 2012 ·

On rencontre parfois des jeunes chevaux qui centrent mal leur trajectoire. L'arc de cercle du saut est juste, mais l'apogée est décalée vers l'avant, ou vers l'arrière. La cause est presque toujours un manque de confiance, et la faute s'accompagne souvent d'un changement de cadence ; le cheval ralentit et s'éloigne du pied de l'obstacle qu'il appréhende, ou, au contraire, accélère et s'approche trop.

Le travail de correction est complexe. Il faut jouer sur la distance, par une barre de réglage ou un petit obstacle d'entrée d'exercice, sur la cadence qui doit rester régulière, sur le pied, par des barres d'appel ou de battue, et parfois sur le profil de l'obstacle.

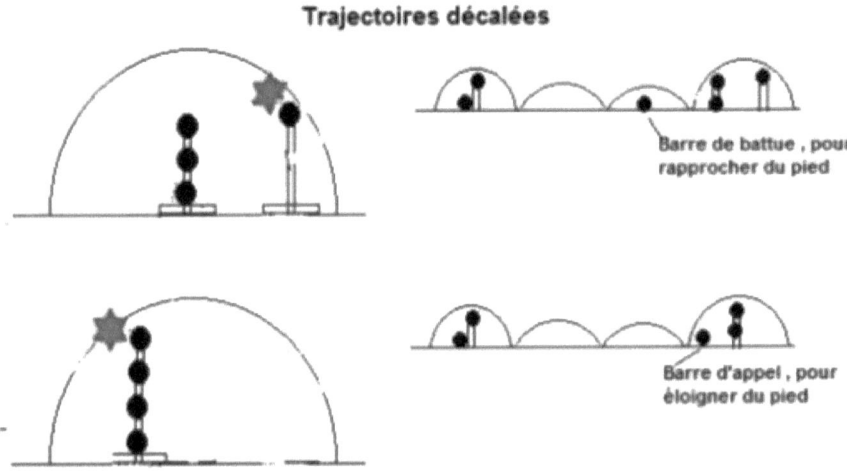

Trajectoires décalées

<u>22 décembre 2012</u> ·

Le cavalier pourra utiliser les trajectoires hautes ou basses, même quand la hauteur ou la largeur de l'obstacle ne l'imposent pas, pour obtenir des effets particuliers.

Pour attirer l'attention du cheval sur un obstacle plus difficile ou plus délicat.
Pour régler un problème de distance ; en entrant sur le premier d'une ligne, ou d'une combinaison, sur une trajectoire haute, il va allonger une distance qui sans cela aurait été trop courte, et inversement. Pour gagner du temps dans un barrage ; une trajectoire haute permet de tourner plus court à la réception, tandis qu'une trajectoire basse fait gagner du temps dans une ligne.

En cross, l'intervention sur le type de trajectoire permet de préparer le cheval à ce qui va suivre l'obstacle ; un tournant serré, une forte déclivité, ou simplement un élément qu'il ne peut pas voir, comme par exemple un fossé derrière une haie.

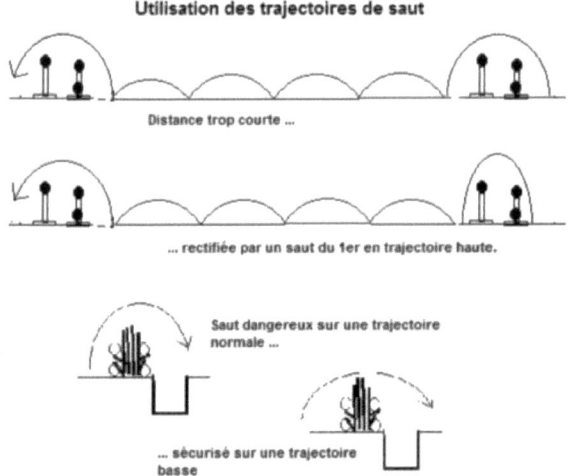

24 décembre 2012 ·

Pour que le cavalier prenne conscience des trajectoires différentes, on peut les matérialiser dans des exercices réglés.

Par exemple, (exercice 1) construire une ligne, barre de réglage/6m/croix/6m50/vertical.
La faire franchir 2 ou 3 fois, adapter au besoin les distances et monter le vertical un peu plus haut que la hauteur habituelle de l'élève.Sans changer les distances, construire les 2 plans d'un cube de part et d'autre du vertical dont on ne laisse, bien sûr, que la barre supérieure, de manière à présenter une sorte de barres en A sur une distance très courte.
Enfin, enlever l'élément central et ne laisser que le cube.Faire remarquer à l'élève, qu'en abordant de la même façon sur une foulée courte, le cheval aura franchi sur la même trajectoire haute un cube de 95cm et un droit de 1m10 par exemple.

Ou encore, (exercice 2) construire une ligne à distances longues, barre de réglage/6m50/croix/7m/spa. La faire franchir 2 ou 3 fois, adapter au besoin les distances et élargir le spa un peu plus que la largeur habituelle de l'élève. Enlever les éléments du spa, en ne laissant que le dernier plan reconstruit en vertical et une barre d'appel à l'endroit où était le 1er plan du spa. Enfin, enlever la barre d'appel et ne laisser que le vertical. Faire remarquer à l'élève, qu'en abordant de la même façon sur une foulée longue, le cheval aura franchi sur la même trajectoire basse un spa d'1m sur 1m50 et un droit de 1m par exemple.

Les mêmes exercices pourront être utilisés pour corriger la faute d'un cheval qui placerait ses battues trop loin du pied (exercice 1) ou trop près du pied (exercice 2).

Matérialiser les trajectoires

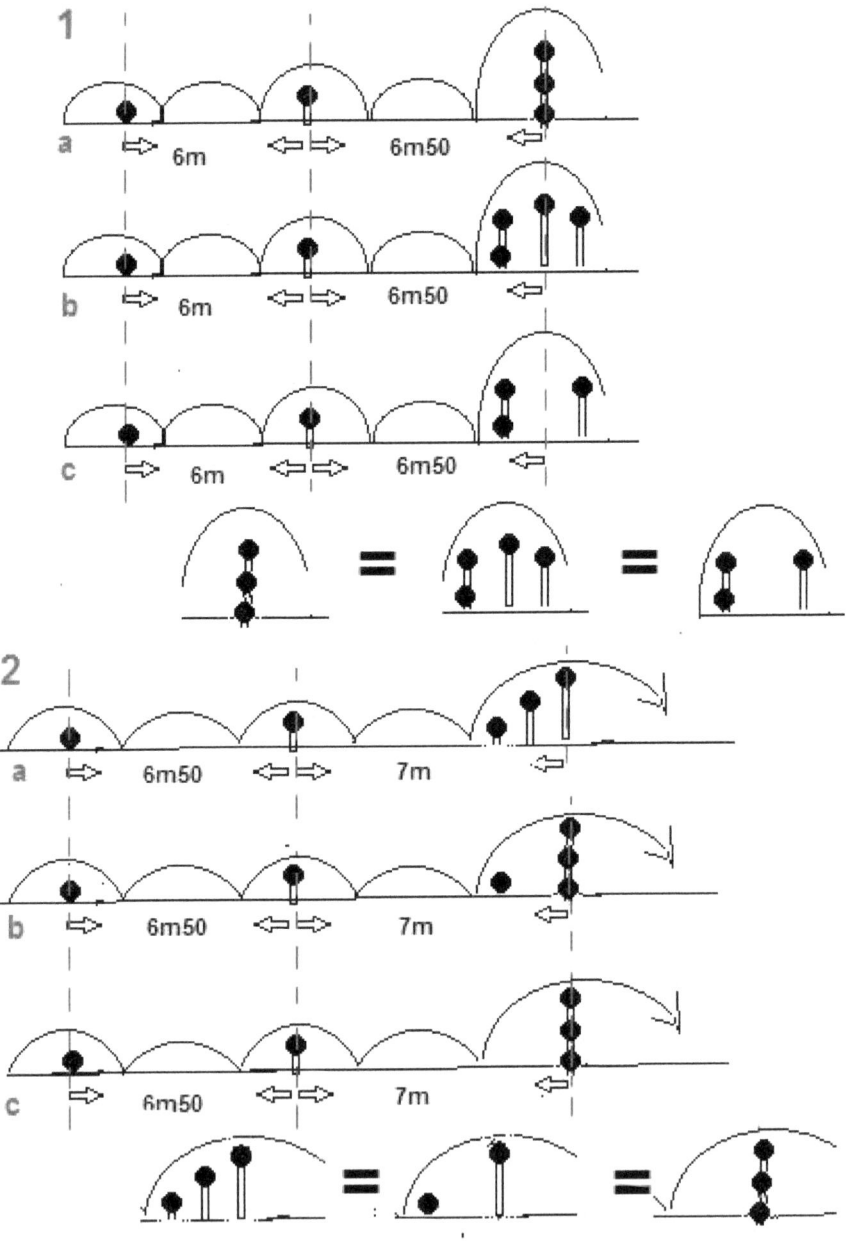

27 décembre 2012 ·

Lorsque les transitions seront suffisamment confirmées sur le plat, on pourra aborder les variations des foulées à l'obstacle.

La première expérience se fera sur un obstacle, d'une hauteur habituelle pour le couple cheval/cavalier, précédé d'une barre de réglage à 3 foulées normales. On va ensuite alternativement rapprocher et éloigner la barre de réglage et faire aborder sur des foulées progressivement plus courtes ou plus longues. On poursuit l'exercice jusqu'à arriver à des écarts significatifs ; par exemple, 11m pour 3 foulées courtes et 13 pour 3 foulées longues.

On fait remarquer au cavalier que le cheval a pu, en général sans difficulté particulière, négocier les distances jusqu'à une différence de 2m, bien supérieure à la difficulté que pourrait proposer un chef de piste.
Il n'y a donc pas de mauvaise distance, il n'y a que de mauvais cavaliers !

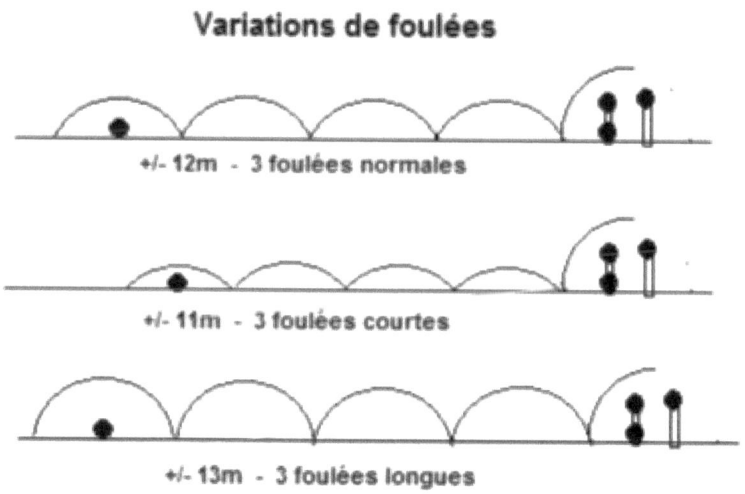

28 décembre 2012 ·

Un exercice un peu plus compliqué, sur le même thème consistera à placer la barre de réglage à 3 foulées normales, puis de l'écarter de 1m50 de plus ; la nouvelle distance correspondra donc à 3foulées et demi, soit la plus fausse possible ! On proposera alors d'aborder l'obstacle successivement en 4 foulées courtes, puis en 3 longues, et une nouvelle fois en 4 courtes.

Le cheval doit avoir la même habilité à agrandir ou à raccourcir ses foulées, mais comme les foulées courtes sont techniquement plus difficiles il faudra y consacrer une plus grande part du temps de travail.

Répétons encore qu'idéalement il ne devrait avoir plus rien à faire après la barre de réglage ; le travail doit être réalisé de loin, avant cette barre.

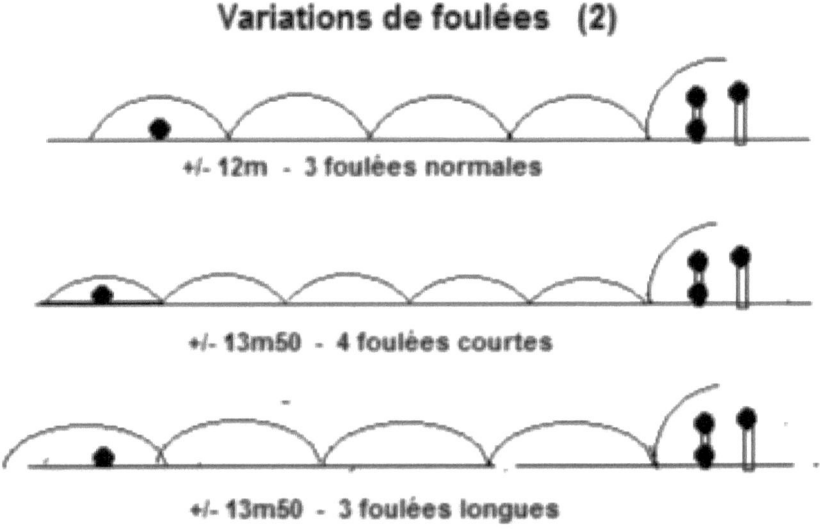

29 décembre 2012 ·

Pour faire sentir la relation entre le type des foulées et les trajectoires, on peut construire un enchaînement simple composé d'un oxer, d'un droit, et d'un spa, sur la hauteur habituelle du couple cheval/cavalier, par hypothèse 90cm. Chaque obstacle est précédé d'une barre de réglage, ou d'une croix, à 13m.

On commence par faire aborder les 3 obstacles en foulées normales et constantes pour obtenir des sauts en trajectoire ronde.

On travaille ensuite sur le vertical seul en diminuant progressivement la distance jusqu'à 11m50 et en montant l'obstacle jusqu'à 1m10 au moins.
On fait aborder en demandant une transition vers des foulées progressivement plus courtes, avant la barre de réglage.

On travaille ensuite sur le spa seul en augmentant progressivement la distance jusqu'à 14m50 et en élargissant l'obstacle jusqu'à 1m50 au moins.
On fait aborder en demandant une transition vers des foulées progressivement plus longues, avant la barre de réglage.

On demande enfin d'enchaîner les 3 sauts en abordant l'oxer sur des foulées normales, le droit sur des foulées courtes et le spa sur des foulées longues. On peut au besoin intercaler une volte de 8m entre le 1 et le 2, et un cercle de 15m entre le 2 et le 3, pour faciliter les transitions.

On fait remarquer à l'élève qu'en obtenant une trajectoire plus haute par les foulées courtes sur le vertical, ou plus basse par les foulées longues sur le spa, on a pu augmenter significativement la hauteur de l'un et la largeur de l'autre, pour un effort semblable.

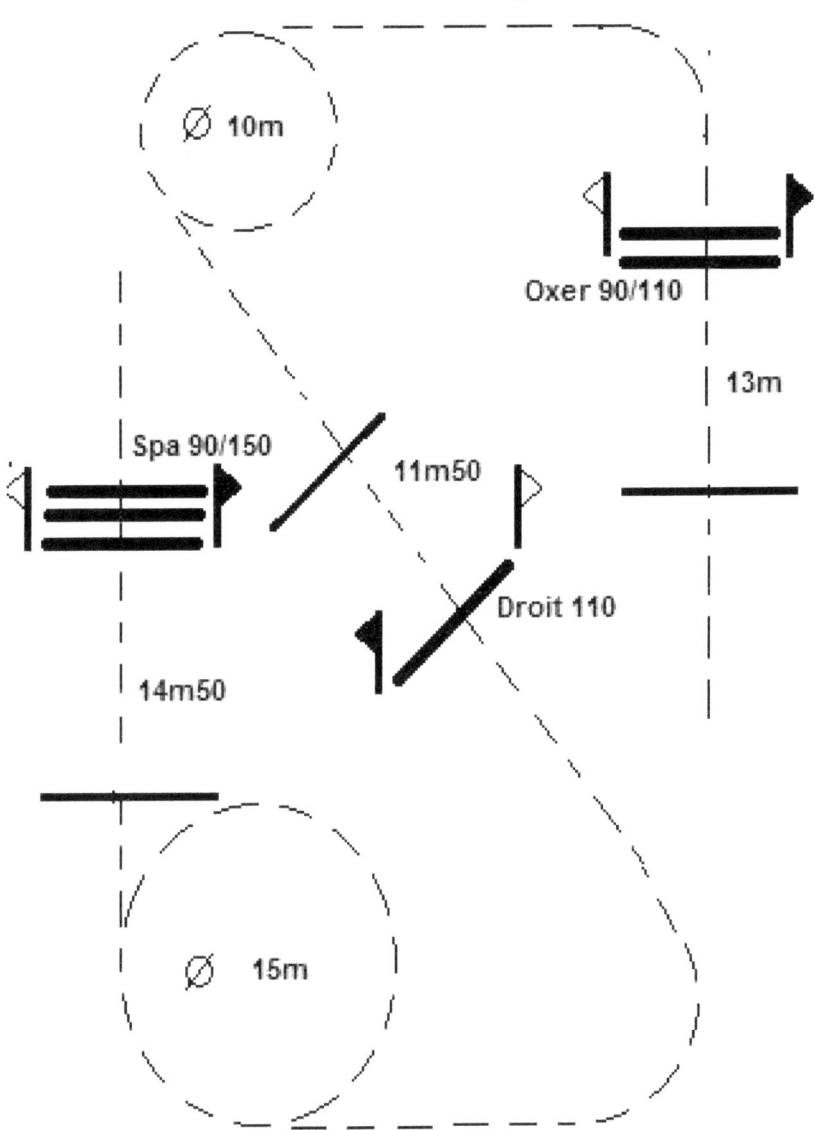

31 décembre 2012 ·

Il est bien évident que chacun des thèmes abordés représente un objectif qui nécessite souvent plusieurs séances de travail, et sur lequel il faut revenir régulièrement. Chaque moniteur, ou chaque entraîneur, doit donc imaginer des variantes, avec des enchaînements ou des dispositions différentes, pour ne pas donner à l'élève cavalier l'impression qu'on lui donne x fois la même leçon, ou, si l'élève est le cheval, pour ne pas croire que l'apprentissage est acquis, alors que le geste ne serait que mémorisé dans des circonstances précises.